El Tabernáculo y la Iglesia

Abraão de Almeida

Vida
EDITORIAL

EDITORIAL VIDA es un ministerio misionero internacional cuyo propósito es proporcionar los recursos para evangelizar con las buenas nuevas de Jesucristo, hacer discípulos y preparar para el ministerio al mayor número de personas en el menor tiempo posible.

ISBN 0-8297-0998-3

Categoría: Estudios bíblicos

Este libro fue publicado en portugués con el título
O Tabernáculo e a Igreja por
Casa Publicadora das Assembléias de Deus.

© 1985 por Abraão de Almeida

Traducido por Luis Magín Alvarez

Edición en idioma español
© 1990 EDITORIAL VIDA
Deerfield, Florida 33442-8134

Cuarta impresión, 1995

Cubierta diseñada por Ana María Bowen

Indice

Prefacio

Uno de los estudios más provechosos al que puede dedicarse el creyente lo constituye la tipología bíblica. Los tipos son "sombras", o sea, representaciones de la realidad. En Hebreos 10:1 leemos: ". . .teniendo la sombra de los bienes venideros, no la imagen misma de las cosas. . ." Los tipos, en ciertos casos, aparecen asociados con los sucesos relacionados con el pueblo de Dios, como por ejemplo, el paso de Israel por el mar Rojo (1 Corintios 10:1). En otros casos, sin embargo, ciertas instituciones presentan "tipos" de algo mucho mayor y de más amplio significado. Igualmente, algunos objetos sirven de tipo o "sombra" de lo que es real, permanente y de valor eterno. Para ejemplificar este último caso, tenemos el tabernáculo que Israel transportó durante cuarenta años en su peregrinación por el desierto cuando iban de camino a la tierra de Canaán.

En la Biblia se describe el tabernáculo con varias acepciones, siendo una de ellas la de "tienda" que se podía armar y desarmar. Su función principal era la de servir como lugar de encuentro entre Dios y el hombre. El tabernáculo es también llamado la "tienda del testimonio" en Números 9:15. Era en este recinto, relativamente simple, que Dios se encontraba con su pueblo: ". . .a la puerta del tabernáculo de reunión . . . en el cual me reuniré con vosotros, para hablaros allí" (Exodo 29:42). Este lugar era santo, consagrado al culto de Jehová, el Dios vivo y eterno.

¡Cuán gran contraste entre este santuario y los santuarios o templos hallados en Egipto, Babilonia y Grecia, en los cuales eran entronizados los ídolos mudos y muertos de las religiones falsas! En el culto a estas divinidades prevalecía la más vergonzosa inmoralidad, mas en el santuario de Dios encontramos santidad, pureza y reverencia.

Este tabernáculo, así como el templo de Salomón y el visto por Ezequiel en los capítulos 40 al 43 de su profecía, simbolizan la Iglesia edificada "para morada de Dios en el Espíritu" (Efesios 2.22). Simboliza también al propio creyente cuyo cuerpo "es templo del Espíritu Santo" (1 Corintios 6:19). Además, el tabernáculo representa mediante tipos la realidad suprema del cielo donde Cristo, nuestro sumo sacerdote, comparece "ahora por nosotros" (Hebreos 9:24).

Del mismo modo, se ve que el estudio del tabernáculo, con sus ritos, ceremonias y sistema sacerdotal expone ante nosotros un rico y vasto campo de lecciones espirituales que podemos aprovechar según nos dediquemos a su estudio.

Esta obra, de la ungida pluma del escritor Abraão de Almeida, será sumamente útil para quienes se dedican al estudio de la tipología bíblica. Sus lectores se sentirán, después de estudiar meticulosamente el asunto en cuestión, impelidos a tener un nuevo y feliz encuentro con Dios.

— Profesor N. Lawrence Olson

Introducción

El templo levantado por Moisés en el desierto, según el modelo que le fue mostrado en el monte Sinaí por Dios mismo, es la más elocuente de todas las figuras rituales del Antiguo Testamento. Como una prefiguración de las cosas del Nuevo Testamento presenta como antitipos de la Nueva Alianza no sólo a Cristo y al cristiano, sino también a la Iglesia en el propio y mismo cielo, ya que "no entró Cristo en el santuario hecho de mano . . . sino en el cielo mismo para presentarse ahora por nosotros ante Dios" (Hebreos 9:24).

En el estudio que el lector tiene en sus manos hay abundantes referencias en cuanto a las divisiones del tabernáculo, a su magnífico y variado mobiliario; a los materiales empleados en su construcción; a los colores; a las diferentes ofrendas; a los números aplicados a los utensilios y a los sacrificios. Todo con el sincero deseo de profundizar al lector en el conocimiento del plan divino para su vida. Todas estas riquezas tipológicas, asociadas con las grandes fiestas anuales y el sacerdocio levítico, constituyen preciosas y prácticas lecciones acerca de cómo vivir hoy la verdadera vida cristiana.

Aunque el lector tenga conocimiento de que el tabernáculo ha sido objeto de muchas y edificantes obras, este libro, sin embargo, lejos de pretender agotar tan fértil tema, se propone ser original. Trata el tema desde el punto de vista del crecimiento espiritual, tomando como base la recomendación apostólica: "Antes bien, creced en la gracia y el conocimiento de nuestro Señor y Salvador Jesucristo" (2 Pedro 3:18).

El crecimiento en la gracia, según las divisiones de aquel primer templo israelita, está estrechamente relacionado con las tres personas de la Trinidad, ya que comenzamos por el Espíritu Santo, continuamos con la persona del Hijo de Dios y alcanzamos, en el Padre, la medida de la estatura de la plenitud de Cristo. En esa progresión están las tres principales virtudes del cristianismo — la fe, la esperanza y el amor — así como las fases de nuestra fructificación: treinta, sesenta y cien por uno, o sea: fruto, más fruto y mucho fruto (Marcos 4:8; Juan 15:1-5; 1 Corintios 13:13). Por tal razón, sugiero al lector seguir la lectura en el orden de los capítulos, tal como están presentados, para una asimilación más provechosa de su contenido.

A fin de que este libro resulte lo más claro posible — estando consciente de lo agitada que es la vida moderna, con tan poco tiempo disponible para la lectura — he copiado, intencionalmente, el mayor número posible de pasajes de las Escrituras para dar al lector la oportunidad de comparar mis comentarios con la Palabra de Dios, aun sin tener a mano un ejemplar de la Biblia.

El excepcional interés demostrado por lo que han escuchado por lo menos uno de los innumerables estudios que he presentado acerca de este interesante tema, tanto en Brasil como en el extranjero, me ha estimulado a escribir este libro. Algunos hermanos llegaron a confesar, después de seguir los pasos del crecimiento cristiano, que nunca más volvieron a ser los mismos creyentes. Tuvieron una clara visión de los elevados propósitos divinos para la vida de ellos, y entraron así en una nueva dimensión espiritual. Es mi sincero deseo que el inagotable manantial de inspiración y enseñanza que es el tabernáculo, sacie la más profunda sed de Dios del lector y le dé la necesaria "libertad para entrar en el Lugar Santísimo por la sangre de Jesucristo" (Hebreos 10:19), y que de esta manera pueda experimentar "toda bendición espiritual en los lugares celestiales en Cristo" (Efesios 1:3). Cuanto mayor sea el número de los que se encaminen valerosamente al Lugar Santísimo, tanto más poderosamente brillará, en medio de las espesas tinieblas de este mundo, la refulgente luz del testimonio cristiano.

No podría finalizar estas palabras sin antes expresar mi gratitud a algunas personas, muy queridas, las cuales tuvieron una importante participación en esta obra: a mi esposa Lucía, por su constante apoyo y estímulo; a Eldir Gois, mi eficiente secretaria; y a mi hija Elaisa, por las reiteradas copias mecanografiadas; a Ronaldo Antunes, por sus maravillosas ilustraciones; al pastor Lawrence Olson, por su excelente prólogo; y al profesor Gustavo Kessler por la garantizada revisión final.

Bristol, agosto de 1985
Abraão de Almeida

La tipología bíblica

Antes de que consideremos específicamente la tipología del tabernáculo, es conveniente destacar aquí algunas definiciones de tipología, así como también ofrecer algunos ejemplos. Como tratamos de ser en este primer capítulo lo más breves posible, muchos pasajes bíblicos están aquí apenas mencionados, no transcritos.

El tipo o modelo bíblico es una representación ordenada anteriormente, mediante la cual personas, eventos e instituciones del Antiguo Testamento prefiguran a personas, eventos e instituciones del Nuevo Testamento. Son figuras, o lecciones, mediante las cuales Dios ha enseñado a su pueblo su plan redentor y sus elevados propósitos para la vida cristiana. Son una muestra de las cosas venideras y no la verdadera imagen de esas cosas (Colosenses 2:17; Hebreos 8:5; 10:1). Todo el sistema mosaico, por ejemplo, fue como un jardín de infancia en el cual el pueblo de Dios fue educado en las cosas divinas y enseñado a ver así la realidad de las cosas futuras.

La Biblia utiliza diversas palabras para los tipos, tales como: *señal* (Juan 20:25); *figura* (Hechos 7:43; Romanos 5:14; 1 Corintios 10:11); *forma* (Romanos 6:17); *parábola, alegoría* (Hebreos 9:9); *modelo* (Hechos 7:44; Hebreos 8:5); *sombra* (Colosenses 2:17; Hebreos 8:5), y *ejemplo* (Filipenses 3:17; 1 Timoteo 4:12; 1 Pedro 5:3; 2 Pedro 2:6).

Algunos de los nombres para los antitipos son: *figura del verdadero* (1 Pedro 3:21); *imagen misma* (Hebreos 10:1); *cosas celestiales* (Hebreos 9:23); *verdadero* (Hebreos 9:24), y *espíritu* (2 Corintios 3:6).

El tipo es el objeto de una lección, de la revelación temporal de una persona, de un acontecimiento, o de una institución venidera. El antitipo es el cumplimiento de lo que había sido predicho.

Son necesarios uno o más puntos de afinidad entre el tipo y el antitipo (Colosenses 2:14-17; Hebreos 10:1). El tipo o modelo debe ser profético en todos los puntos de semejanza con el antitipo, y tiene que prefigurar verdaderamente las cosas venideras (Juan 3:14; Romanos 5:14; Hebreos 8:5; 9:23, 24; 1 Pedro 3:21).

El tipo es siempre terrenal, mientras que el antitipo puede ser tanto terrenal como celestial (Hebreos 8:5; 9:24; 1 Pedro 3:21).

Puesto que el tipo y el antitipo, o sea, la figura y el cumplimiento, tienen que ser ordenados con anterioridad como parte de un mismo plan divino, ellos no pueden ser escogidos por el hombre (2 Timoteo 3:16). Por ello, la autoridad de los tipos y su aplicación provienen de la Biblia, la cual exige el respaldo de por lo menos tres testimonios para confirmar una verdad (2 Corintios 13:1).

Una vez hechas estas breves observaciones, consideremos a continuación algunos ejemplos bíblicos de tipos y antitipos.

Noé, el arca y el diluvio

Enoc, por haber caminado con Dios, fue llevado al cielo antes de que la maldad humana llegase al máximo y Dios tuviera que desencadenar el juicio del diluvio. La unión de los hijos de Dios con los hijos de los hombres había producido gigantes, hombres valientes y varones de fama, pero Dios vio que "la maldad de los hombres era mucha en la tierra, y que todo designio de los pensamientos del corazón de ellos era de continuo solamente el mal" (Génesis 6:5). Por esto Dios anunció el diluvio: "Y miró Dios la tierra, y he aquí que estaba corrompida; porque toda carne había corrompido su camino sobre la tierra. Dijo, pues, Dios a Noé: He decidido el fin de todo ser, porque la tierra está llena de violencia a causa de ellos; y he aquí que yo los destruiré con la tierra. Hazte un arca de madera de Gofer. . . Y lo hizo así Noé; hizo conforme a todo lo que Dios le mandó" (Génesis 6:12-14, 22).

Lo único que surtiría efecto sería la destrucción de toda carne. Los valientes y los varones de renombre habrían de ser igualmente barridos de la faz de la tierra. Habría de producirse la total destrucción de todo lo que se había corrompido. Lo mismo ocurre en nuestros días. Como en los tiempos de Noé, el mensaje del inminente juicio divino no halla aceptación por parte de los políticos, de los intelectuales, de los artistas, de los "valientes" y "varones de renombre". La cultura, la política y la religión misma parecen indicar que el "modus vivendi" continuará inalterable. La gente continúa comiendo, bebiendo, casándose y dándose en casamiento. Hablar del juicio divino es una locura.

donde nada falta. Por eso a la Rebeca del Nuevo Testamento, la Iglesia de Cristo, no le falta nada. Ella recibió de parte del Padre (Abraham), por intermedio del Espíritu Santo (Eliezer), los siguientes regalos:

1. *Alhajas de plata.* La *plata* es símbolo de rescate (Exodo 30:12-16; Levítico 5:15), y señala hacia la obra expiatoria de Cristo en el Calvario. Las alhajas de plata son la primera cosa mencionada con relación a los regalos dados a Rebeca por Eliezer. Como novia de Cristo, hemos sido salvos mediante el lavamiento regenerador y renovador del Espíritu Santo, el cual aplicó a nuestra vida la sangre purificadora de Cristo (Tito 3:5; 1 Juan 1:7).

2. *Alhajas de oro.* El oro indica la gloria de Dios, como el metal presente en el Lugar Santo y en el Lugar Santísimo del tabernáculo, donde se manifestaba la gloria divina (2 Corintios 3:18).

3. *Vestidos.* Rebeca recibió vestidos de Eliezer. La Iglesia jamás podrá ser presentada a su Novio vestida con los trapos inmundos de su propia justicia. Por eso el Espíritu Santo le da vestidos adecuados: vestidos de salvación y vestidos de alegría (Isaías 61:3, 10).

José, el más perfecto tipo de Jesús

Ya sea que veamos a Cristo como el objeto del amor del Padre, o de odio de sus hermanos, lo vemos maravillosamente simbolizado en José, el primer hijo de Jacob y Raquel.

El amor de Jacob por José era tan fuerte que sus hermanos se llenaron de envidia y no podían hablarle pacíficamente. De la misma manera que Jacob no disimulaba su amor por el hijo de su vejez, tampoco el Padre Celestial esconde su amor por su Hijo. Los evangelios registran el testimonio audible del propio Dios, expresado en diversas ocasiones (Mateo 3:17; 17:5). Jesús mismo se refirió en varias oportunidades al amor con que era amado por su Padre (Juan 15:9; 17:23, 24).

Por otra parte, los hermanos de José, por no estar de acuerdo con los pensamientos de exaltación de José revelados en sus sueños, y por no tener sus corazones en comunión con los elevados propósitos del hijo amado de Jacob, lo odiaron hasta el punto de venderlo como esclavo. De la misma manera se comportaron los judíos en los días de Jesús, quien vino a lo suyo, mas los suyos no lo recibieron (Juan 1:11). No lo reconocieron como rey de Israel ni como Hijo de Dios porque sus ojos no estuvieron abiertos para ver su gloria, "gloria como del unigénito del Padre, lleno de gracia y de verdad" (Juan 1:14). Compárese con Génesis 37:4: "Y viendo sus hermanos que su padre lo amaba más que a todos sus hermanos, le aborrecían, y no podían hablarle pacíficamente."

Jesús, al contar la parábola de los labradores malvados, se refiere a sí mismo cuando dice: "Finalmente, les envió su hijo, diciendo: Tendrán respeto a mi hijo. Mas los labradores, cuando vieron al hijo, dijeron entre sí: Este es el heredero; venid, matémosle, y apoderémonos de su heredad" (Mateo 21:37, 38). Observe lo que la Biblia dice de José: "Cuando ellos lo vieron de lejos, antes que llegara cerca de ellos, conspiraron contra él para matarle" (Génesis 37:18).

En la bendición de Jacob a José (Génesis 49:22-26) está escrito que los arqueros le causarían amargura, ¡pero el Dios Todopoderoso lo bendeciría con bendiciones mayores que las bendiciones de Abraham e Isaac! Así sucedió con Jesús, el bien amado del Padre. No tuvieron respeto por el Hijo. Lo echaron fuera. Dios y los hombres estaban en conflicto por causa de Cristo, y todavía lo están. Los hombres lo crucificaron, pero Dios lo resucitó de los muertos. Los hombres lo colocaron entre malhechores, pero Dios lo colocó a su derecha, en las alturas. Los hombres le dieron el lugar más bajo en la tierra, pero Dios le dio el lugar más exaltado en los cielos, en inigualable majestad.

El peregrinaje de Israel

Con una nube de día, y con una columna de fuego en la noche, el Señor estuvo con su pueblo para ayudarlo en todas sus necesidades. Así como el Señor "iba delante de ellos" (Exodo 13:21), así también Jesús, al sacar afuera a sus ovejas, "va delante de ellas" (Juan 10:4).

1. *El cruce del mar Rojo.* Todos los caballos y carros de Faraón salieron en persecución de los israelitas y los alcanzaron mientras acampaban en Pi-hahirot (Exodo 14:9). ¿Por qué le ordenó Dios al pueblo que acampase, si corrían tanto peligro? ¿Por qué Dios no puso al pueblo lejos de la vista del enemigo? Por la misma razón que Jesús se demoró dos días cuando supo acerca de la enfermedad de su amigo Lázaro. La demora de Israel produjo mayor gloria a Dios y mayor victoria al pueblo mismo. ¡Los egipcios fueron derrotados para siempre!

En el paso del mar Rojo vemos también una preciosa lección aprendida por Israel. Hebreos 11:29 afirma que ellos "por la fe pasaron el mar Rojo". Esto significa que ellos no iban mirando el camino, pues de lo contrario estarían caminando por vista y no por fe. El mar se abría a medida que el pueblo avanzaba, paso a paso, en una completa y continua dependencia de Dios.

2. ***Mara, Elim y el Sinaí.*** El calor abrasador del desierto hizo que Israel se olvidara rápidamente de los grandes y recientes hechos de Dios. Los cánticos de victoria, de fe y de alabanza dieron lugar al miedo, a la duda y a la murmuración: "¿Qué hemos de beber?" La Iglesia militante, que atraviesa por los desiertos pecaminosos de este mundo, puede estar segura de que el mismo Dios de Israel, que tornó dulces las amargas aguas de Mara (Exodo 15:23-27), continúa dulcificando las amarguras de su peregrinación por medio de aquel árbol verde (Lucas 23:31), lanzado una vez a las aguas de la muerte.

El viaje entre Elim y el Sinaí ha sido considerado como uno de los más importantes en la historia de Israel, por el hecho de que el pueblo dejó las aguas refrescantes del ministerio de la gracia de Dios en Elim (Exodo 15:27), donde había *doce* fuentes de agua y *setenta* palmeras (compárese con Lucas 9:1; 10:1), para sujetarse a la ley de las obras en el Sinaí.

En esa caminata Dios proveyó a su pueblo maná, carne y agua. La Iglesia, como el Israel de Dios en la dispensación de la gracia, disfruta del verdadero maná del cielo (Juan 6:51), se alimenta de la "carne" del Hijo de Dios (Juan 6:53-56) y bebe del agua pura de la roca herida (Juan 7:37).

Constituye especial advertencia para nosotros el hecho de que Israel no supo apreciar el sabor del pan celestial. Con sus murmuraciones ofendieron a la gracia divina, diciendo: "Nuestra alma tiene fastidio de este pan tan liviano" (Números 21:5). Sus corazones incrédulos y endurecidos estaban aún en las ollas de carne de Egipto (Exodo 16:3; Hechos 7:39).

3. ***Del Sinaí al Jordán.*** A partir del Sinaí, todas las jornadas de Israel serían dirigidas por trompetas de plata tocadas por los sacerdotes (Números 10:1-10). Estos, al notar el movimiento de la nube, darían el toque adecuado, al cual todo israelita debería estar atento. Negarse a avanzar, al toque de hacerlo, equivalía a quedarse en las tinieblas, y avanzar sin el toque de las trompetas traería el mismo resultado. El camino de la obediencia, para Israel, estaba relacionado únicamente con la nube.

Lo mismo ocurre hoy. Si la persona no obedece a Cristo, la Luz del mundo, si no oye su voz y lo sigue, aún permanece en tinieblas (Juan 8:12; 1 Corintios 10:1; 1 Juan 1:6).

El fracaso de Israel en Cades (Números 13:25-33) puede ser explicado con una sola palabra: incredulidad. Pronto el pueblo se olvidó de la fidelidad divina en suplir todas las cosas, incluso la victoria sobre los más poderosos enemigos.

La Iglesia sufre hoy las mismas tentaciones y manifiesta las mismas flaquezas de los israelitas de la antigüedad. Es innumerable el número de pueblos que aún no han sido evangelizados, precisamente porque los cristianos tienen miedo de los enemigos que consideran gigantes, como las fuertes tradiciones católicas, musulmanas y budistas; o las ideologías políticas hostiles al evangelio, como el comunismo. La Iglesia tiene que ser valiente como Josué y Caleb, y no acobardarse como los demás espías.

Si la incredulidad es propia del hombre na tural, la fe es una virtud del hombre espiritual. Israel se rebeló por estar en la carne, y no en el Espíritu. La carne no puede heredar el reino de Dios, y por eso los incrédulos murieron en el desierto durante cuarenta años (Números 14:21-23).

Solamente después de que murieron en el desierto todos los incrédulos (Números 26:64, 65), contó Moisés nuevamente al pueblo que iba a poseer la tierra. De los 600.000 guerreros, únicamente dos hombres de fe, Josué y Caleb, quedaron para recibir la recompensa de la fe.

El descanso en Canaán

Capitaneados por el sucesor de Moisés, Israel atravesó el Jordán y tomó posesión de la tierra prometida, donde debía reposar de sus peregrinaciones.

No obstante, muchos no pudieron entrar a causa de su incredulidad, como ya hemos visto. "¿Quiénes fueron los que, habiendo oído, le provocaron? ¿No fueron todos los que salieron de Egipto por mano de Moisés? ¿Y contra quiénes estuvo él disgustado cuarenta años?. . . Vemos que no pudieron entrar a causa de incredulidad" (Hebreos 3:16-19).

Después de haber creado todas las cosas, Dios reposó en el séptimo día, según Génesis 2:2; refiriéndose evidentemente a la sustentación de todas las obras de la creación y a su gobierno, que entonces tuvieron inicio. El Salmo 95, citado por el autor de la Epístola a los Hebreos, muestra que el reposo prometido por Dios es todavía algo futuro, aunque en algunos aspectos se manifiesta mediante algunos anticipos, entre los que se encuentra la propia tierra (Levítico 25:1-5). El bendecido reinado de Salomón, cuyo nombre significa *paz*, prefigura el reinado del Príncipe de Paz en el milenio (Isaías 9:6, 7), cuando las siguientes palabras de Salomón tendrán un significado todavía mucho más profundo: "Ahora Jehová mi Dios me ha dado paz por todas partes; pues ni hay adversarios, ni mal que temer (1 Reyes 5:4).

En esta presente dispensación de la gracia, Cristo concentra en su persona la plenitud del reposo prometido por Dios, razón por la cual encuentra el pecador en El verdadero descanso para su alma cansada y afligida (Mateo 11:28, 29). Por ser Jesús el verdadero antitipo del sábado, y Señor de este (Marcos 2:28), escogió El preferentemente ese día para dar descanso a los pobres y necesitados, aunque como hombre "experimentado en quebrantos" (Isaías 53:3), no supo aquí lo que era el reposo, pues no tuvo siquiera donde recostar su cabeza (Mateo 8:20).

El reposo pleno, entre tanto, abarca la redención final de nuestro cuerpo, por motivo de su transformación o resurrección en el glorioso día del retorno de Cristo (2 Corintios 5:4, 5; 1 Tesalonicenses 4:16, 17), y hacia ese día la Iglesia militante avanza como peregrina, pues solamente entonces cesarán definitivamente todas sus pruebas y dolores.

La expresión utilizada por Dios es "mi reposo" (Salmo 95:11), y ello quiere decir un verdadero, perfecto y eterno descanso. Así como Josué, tipo de Cristo, introdujo al pueblo al descanso de Canaán, también el capitán Jesús, como antitipo de Josué, introducirá al Israel de Dios del Nuevo Testamento, la Iglesia, a la Canaán celestial, donde no habrá nada que perturbe el sábado de la eternidad, en el cual el mismo Dios Trino se regocijará con la obra de sus manos.

Capítulo 2

El tabernáculo

Afirma la Palabra de Dios que "las cosas que se escribieron antes, para nuestra enseñanza se escribieron, a fin de que por la paciencia y la consolación de las Escrituras, tengamos esperanza" (Romanos 15:4). El tabernáculo construido por Moisés en el desierto ha dejado profundas lecciones para la Iglesia, tanto por la rica tipología de su mobiliario como por el significado espiritual del sacerdocio, de los sacrificios y de las celebraciones anuales.

Las ofrendas

Una de estas importantes lecciones está en las ofrendas del pueblo, como respuesta a la orden divina dada por medio de Moisés: "Di a los hijos de Israel que tomen para mí ofrenda; de todo varón que la diere de su voluntad, de corazón, tomaréis mi ofrenda. Esta es la ofrenda que tomaréis de ellos: oro, púrpura, cobre, azul, púrpura, carmesí, lino fino, pelo de cabras, pieles de carnero teñidas de rojo, pieles de tejones, madera de acacia, aceite para el alumbrado, especias para el aceite de la unción y para el incienso aromático, piedras de ónice, y piedras de engaste para el efod y para el pectoral" (Exodo 25:2-7). "De los hijos de Israel, así hombres como mujeres, todos los que tuvieron corazón voluntario para traer para toda la obra, que Jehová había mandado por medio de Moisés que hiciesen, trajeron ofrenda voluntaria a Jehová" (Exodo 35:29). Las ofrendas voluntarias fueron tan abundantes que los artífices interrumpieron su trabajo para decirle a Moisés: "El pueblo trae mucho más de lo que se necesita para la obra que Jehová ha mandado que se haga. Entonces Moisés mandó pregonar por el campamento, diciendo: Ningún hombre ni mujer haga más para la ofrenda del Lugar Santo. Así se le impidió al pueblo ofrecer más; pues tenían material abundante para hacer toda la obra, y sobraba" (Exodo 36:5-7)

¡Qué lección tan preciosa! Como cada uno dio voluntariamente de lo que poseía, no fue necesario descender a Egipto en busca de ayuda. ¡Cuando cada creyente entiende que la ofrenda es parte esencial de la comunión con Dios y da generosamente, la iglesia no necesita descender a "Egipto" (al mundo) para mendigar la ayuda de los infieles! Bien lo escribió Arnold Doolan en su obra *El tabernáculo en el desierto,* (p. 15): "Qué perdurable ejemplo de devoción al Señor y de obediencia a su mandamiento. Es imposible calcular el valor de lo ofrendado por los israelitas, todo dado con espontaneidad y con muy buena voluntad para la construcción del tabernáculo y de sus utensilios. Debió representar una elevadísima suma. Sin embargo, lo que más conmueve mi corazón es que lo dieron todo voluntariamente y de todo corazón. Los israelitas escucharon la voz de Dios y respondieron inmediatamente. Sin duda, el diablo fue lo suficientemente astuto como para insinuarles que aquella obra exigiría gastos extraordinarios; que el costo de la vida se elevaría; que era prudente economizar o guardar cuidadosamente lo que poseían. Pero los hijos de Israel, en aquel tiempo de su historia, tenían puestos sus ojos en el Señor y la voluntad de Dios era de suprema importancia para ellos."

"Di a los hijos de Israel que tomen para mí ofrenda"

El orden de las tribus en el campamento

Como templo destinado a acompañar a los israelitas en el desierto, el tabernáculo era desmontable y podía ser llevado de un lugar a otro. Para el honroso trabajo de cuidar y transportar los objetos que lo conformaban, fueron escogidas las familias de Gersón, Coat y Merari. Los gersonitas acampaban detrás del Lugar Santo, o sea, al occidente, y cuidaban como centinelas del exterior de la tienda. Los coatitas se ubicaban al sur, y eran responsables del cuidado del arca, de la mesa, del candelero, de los altares, y de todos los vasos sagrados. Los meraritas estaban situados al norte y eran responsables del cuidado y traslado de las tablas, de las barras, de las columnas, de las cuerdas, de las estacas y de las basas.

Los ejércitos de Israel acampaban alrededor del tabernáculo, observando el siguiente orden: al oriente, custodiando la puerta de entrada del tabernáculo, estaba el ejército de Judá, de 74.600 hombres; y junto a este, el de Isacar, de 54.400; y el de Zabulón, de 57.400 (Números 2:3-9). En el lado sur estaba el ejército de Rubén, de 46.500 soldados; y además los de Simeón, de 59.300; y de Gad, de 45.650 (Números 1:21-25). Del lado norte estaban los ejércitos de Dan, de 62.700 soldados; de Aser, de 41.500; y de Neftalí, de 53.400 (Números 1:39-43). Y, finalmente, del lado oeste, en la retaguardia del tabernáculo, se apostaban los ejércitos de Efraín, de 40.500 soldados; de Manasés, de 32.200; y de Benjamín, de 35.400 (Números 2:18-23).

El tabernáculo miraba siempre hacia el oriente, esto es, hacia el lugar de nacimiento del sol, ciertamente señalando hacia la persona de Jesús, anunciado por el profeta Malaquías como el Sol de Justicia que trae salvación debajo de sus alas (Malaquías 4:2). Las divisiones principales del Lugar Santo tomaban la forma de una cruz, señalando también hacia Jesús (2 Corintios 5:18).

El hecho de que la tribu de Judá custodiase la puerta del tabernáculo es muy significativo, pues, al dar Jacob la bendición a sus hijos, dijo, en el primer libro de la Biblia, que Judá era como un león, figura que aparece también en el último libro de las Escrituras, donde Jesús es presentado como el León de la tribu de Judá (Génesis 49:9; Apocalipsis 5:5).

Separación y comunión

El tabernáculo estaba separado de la congregación por un atrio constituido por sesenta columnas de bronce, sobre las cuales se apoyaba un cortinaje de lino blanco, de dos metros y medio de altura. Esto habla de la separación que existe entre Dios y el pecador (Exodo 38:10-15, 19, 31; Isaías 59:2). El número 6 y sus múltiplos, como en el caso de estas columnas, está relacionado con el número 7, que es el número de divisiones del tabernáculo. Como el 6 se relaciona con el hombre y el 7 con Dios, tenemos en el tabernáculo la comunión o encuentro del hombre con la Divinidad. El número 6 aparece en muchos lugares del tabernáculo, como en el caso de las dos hileras de panes de la proposición, de seis cada una; y en el número de brazos del candelero de oro (con excepción del eje central que representa a Jesús como el tronco que sustenta a los brazos).

Las columnas y los velos

Las cuatro columnas de entrada del tabernáculo tienen también un significado muy importante. En Exodo 27:16 leemos: "Y para la puerta del atrio habrá una cortina de veinte codos, de azul, púrpura y carmesí, y lino torcido, de obra de recamador; sus columnas cuatro, con sus cuatro basas." Estas cuatro columnas representan la oportunidad para todos, pues el número cuatro está siempre relacionado con la plenitud de la tierra. Todos tienen la oportunidad de entrar al santuario (Mateo 24:31; Juan 3:16).

Los cuatro velos que cubren las cuatro columnas de entrada de la tienda por sus colores significativos nos señalan a los cuatro evangelios, por el orden en que éstos aparecen en el Nuevo Testamento. Comparemos estos colores con los retratos de Jesús que nos dan los cuatro evangelistas:

1. Púrpura. Se relaciona este color con la realeza y señala al Evangelio según San Mateo, que es el Evangelio del Rey. Mateo subraya este aspecto del carácter de Jesús cuando, por catorce veces, lo llama Hijo de David, el famoso rey cuya descendencia prometió Dios perpetuar en el trono de Israel. El Mesías vendría como rey, conforme a la profecía de Zacarías 9:9: "He aquí tu rey." Por esto Mateo registra la genealogía de Jesús, pues un rey debe demostrar su ascendencia real.

2. Carmesí. El Evangelio según San Marcos está relacionado con el color carmesí, o sea con la sangre, que señala hacia el siervo sufriente, al Mesías en la cruz, conforme a la profecía de Isaías 42:1: "He aquí mi siervo, yo le sostendré; mi escogido, en quien mi alma tiene contentamiento; he puesto sobre él mi Espíritu; él traerá justicia a las naciones." Un siervo no necesita de genealogía, por ello Marcos no se ocupa de la ascendencia del Señor. Mateo, en su evangelio, enfoca a la persona de Jesús desde el punto de vista de su realeza y esto nos lleva al Lugar Santísimo del tabernáculo, donde Jesús habitaba sobre el propiciatorio, entre querubines de gloria. Marcos, por su parte, presenta a Jesús desde el punto de vista de la cruz, como el siervo sufriente, y esto nos lleva al altar de bronce o de los holocaustos. Percibimos estos enfoques claramente expresados en Mateo 13:23 y Marcos 4:8, 20, respectivamente. En estos textos, que se refieren a la parábola del sembrador, la fructificación en Mateo es decreciente, mientras que en Marcos es creciente. Mateo dijo: a 100, a 60 y a 30 por uno; y Marcos registra: a 30, a 60 y a 100 por uno, y eso concuerda con las tres principales divisiones del tabernáculo: el atrio, el Lugar Santo y el Lugar Santísimo.

3. Lino blanco. En el Evangelio según Lucas tenemos el lino blanco, simbolizando al hombre perfecto, al carácter justo de Jesús. Este evangelista presenta a la persona del Salvador como el Hijo del Hombre. Es el Evangelio del Hijo del Hombre. Y como todo hombre perfecto, ilustre y noble tiene necesidad de genealogía, el médico Lucas registra la ascendencia de Jesús. El Señor, en Lucas, cumple la profecía de Zacarías 6:12: "Y le hablarás, diciendo: Así ha hablado Jehová de los ejércitos, diciendo: He aquí el varón cuyo nombre es el Renuevo, el cual brotará de sus raíces, y edificará el templo de Jehová."

4. Azul. Finalmente llegamos a la cortina azul, y este color indica siempre el cielo o lo que es celestial. Vemos en Juan el Evangelio del Hijo de Dios. Jesús, como Hijo de Dios, cumple con la profecía de Isaías 40:9: "Súbete sobre un monte alto, anunciadora de Sion; levanta fuertemente tu voz, anunciadora de Jerusalén; levántala, no temas; di a las ciudades de Judá: ¡Ved aquí al Dios vuestro!". Juan no registra la genealogía de Jesús, pues Dios no tiene genealogía.

Los metales

1. El bronce. Los metales del tabernáculo son muy significativos. Siguiendo el orden de entrada del atrio al Lugar Santísimo, encontramos las columnas revestidas de bronce y sus basas de bronce; el gran altar totalmente revestido de bronce, situado inmediatamente después de la puerta del tabernáculo; y el lavacro, o lavatorio, de bronce macizo. Los pasajes bíblicos de Exodo 27:17; Números 21:9; Jeremías 1:18; 6:28; 1 Corintios 13:1; 2 Corintios 5:21 muestran a este metal como tipo de condenación o juicio. Y el bronce, en el tabernáculo, significa juicio por el pecado. Igualmente, todos los clavos utilizados en el Lugar Santo eran del mismo metal, y señalaban a la crucifixión de Jesús en el madero del Calvario.

2. La plata. Estaba presente en todos los corchetes que lucían las cortinas del tabernáculo y también formaba parte de los capiteles y molduras que adornaban las cortinas. Asimismo, todas las tablas del Lugar Santo estaban apoyadas sobre basas de plata. Así dice la Biblia en Exodo 30:12-16: "Siempre que hagas un censo del pueblo de Israel, cada hombre que sea contado dará un rescate a Jehová por su persona, para que no haya plaga en el pueblo cuando tú lo cuentes. Este pago equivaldrá a medio siclo del Lugar Santo (120 gramos de plata). Todos los que hayan cumplido veinte años darán esta ofrenda. El rico no dará más y el pobre no dará menos, porque es una ofrenda a Jehová para hacer expiación por ustedes mismos. Usarás este dinero para el cuidado del tabernáculo. Esto será para que el Señor se fije en Israel, y para hacer expiación por ellos" (La Biblia al Día). También en Levítico 5:15: "Cuando alguna persona cometiere falta, y pecare por yerro en las cosas santas de Jehová, traerá por su culpa a Jehová un carnero sin defecto de los rebaños, conforme a tu estimación en siclos de plata del siclo del Lugar Santo, en ofrenda por el pecado."

La plata es símbolo de rescate, y el mismo monto debía ser pagado por todo israelita, independientemente de su condición económica. (Nótese bien: el rico no daba más ni el pobre menos.) El precio pagado era el mismo para todos y eso señala hacia el sacrificio expiatorio de Jesús, quien nos compró con su preciosa sangre, pagando un precio único por nuestro rescate; también muestra que todas las almas tienen igual valor delante de Dios. En 1 Pedro 1:18 leemos: "Sabiendo que fuisteis rescatados de vuestra vana manera de vivir, la cual recibisteis de vuestros padres, no con cosas corruptibles, como oro o plata." Y el apóstol Pablo afirma: "Porque habéis sido comprados por precio; glorificad, pues, a Dios en vuestro cuerpo" (1 Corintios 6:20). Si quitáramos la plata del tabernáculo, este perdería su base de sustentación y también todas las cortinas se vendrían abajo. Sin la obra expiatoria de Jesús en la cruz, la Iglesia no es nada. Sin el rescate, sin la redención efectuada por Cristo, la Iglesia dejaría de ser Iglesia. Esta perdería todos sus ornamentos; los capiteles y las molduras de plata; perdería toda su belleza; perdería la manifestación del fruto del Espíritu Santo y dejaría de ser la novia, la virgen, para transformarse en una prostituta.

Es conveniente señalar que algunos líderes religiosos han procurado debilitar o disminuir la importancia del sacrificio expiatorio de Jesús en el Calvario. No hace mucho tiempo uno de los papas de la Iglesia de Roma declaró que la muerte de Cristo no fue substitutiva, sino un acto de amor. Ahora bien, cuando disminuimos el valor de la obra expiatoria de Jesús, estamos quitando los ornamentos, los ganchos y las basas de plata del tabernáculo. Toda acción legalista, todo esfuerzo hecho puramente sobre la base de las obras, significa la disminución de esta verdad bíblica extraordinaria, que es la redención o el rescate de nuestras almas.

3. El oro. Si entráramos al santuario propiamente dicho, atravesando el segundo velo (que sería el primero de la parte cubierta), encontraríamos en él las cinco columnas de oro que sustentaban, con sus corchetes, también de oro, las cortinas o el cortinaje de la entrada, y notaríamos que las bases de esas columnas eran de bronce.

Dentro del Lugar Santo, a la derecha cuando se entra, o sea al lado norte, estaba la mesa con los panes de la proposición, o los panes de la presencia. Estaba hecha de madera de acacia y toda recubierta de oro. Sobre ella estaban los doce panes sin levadura.

Al lado sur del Lugar Santo estaba el candelero, hecho totalmente de oro martillado.

Al frente, junto a la cortina que separaba al Lugar Santo del Lugar Santísimo, estaba el altar de oro, hecho de madera de acacia, y todo revestido de oro. Este altar era donde los sacerdotes que-

El tabernáculo estaba separado de la congregación por una cerca que tenía 60 columnas de bronce, sobre las que se apoyaba un cortinaje de lino blanco de 2,5 m de altura

maban el incienso sagrado mientras el pueblo oraba a Dios. Esto se hacía todas las mañanas y las tardes al ser apagadas o encendidas las lámparas del tabernáculo.

El oro que cubría la mesa, las columnas y el arca, y del cual estaban hechos los corchetes, el candelero, el propiciatorio y los querubines, simboliza la gloria y la realeza de Cristo.

Los números

De manera general, los números que aparecen en el tabernáculo con más frecuencia son:

1. El tres. Corresponde a las tres principales divisiones del tabernáculo: el atrio, el Lugar Santo y el Lugar Santísimo, y simboliza siempre la perfección, la resurrección o la renovación.

2. El cuatro. Este número, como ya hemos visto, está relacionado con la tierra y está presente en las columnas de la entrada, en los colores del tabernáculo, y se refiere a los cuatro evangelios; a expresiones que hablan de los cuatro ángulos de la tierra; y a los cuatro reinos en el libro de Daniel.

3. El cinco. Este está a la entrada del Lugar Santo, en las cinco columnas de oro, e indica siempre la gracia divina, como en las vírgenes prudentes (Mateo 25:2); en los hermanos (Lucas 16:28); en los maridos (Juan 4:18); en las palabras (1 Corintios 14:19); y aun en las medidas del tabernáculo: cincuenta codos de frente y cien codos de fondo, números que son múltiplos de cinco.

4. El seis. Aparece en las hileras de panes; en el número de brazos que rodeaban al asta central del candelero; y también como múltiplo en el número de tablas del tabernáculo (48, ó 6 x 8) y como múltiplo del número de tablas del tabernáculo, que eran 60. El número 6 representa siempre al hombre, quien tiene sus días y horas divididas siempre en 6. Es el número del hombre.

5. El siete. Simboliza la perfección o plenitud espiritual. En el tabernáculo está presente en las lámparas y en las divisiones principales.

6. El diez. Aparece como múltiplo de seis: 6 x 10 z 60 (sesenta columnas); 10 x 5 z 50 (cincuenta codos de ancho); y 10 x 10 z 100 (cien codos de largo). Indica el orden perfecto y la responsabilidad personal, como en los diez mandamientos, en diezmo, en el largo de las tablas, en las diez vírgenes, en las diez dracmas y en el número de las cortinas.

7. El doce. Aparece en el número de los panes y como múltiplo en las tablas del tabernáculo (veinte tablas del lado sur, veinte del norte, seis del oeste, y una más en cada esquina oeste de la tienda de la congregación, completando el número de cuarenta y ocho tablas). El número doce sugiere el vivir perfecto, como número del pueblo de Dios: doce tribus de Israel y doce apóstoles del Cordero. Su múltiplo — 48 — indica que el tabernáculo representa a todo el pueblo de Dios, incluido tanto el del Antiguo como el del Nuevo Testamento. El número 48, como 4 x 12, relaciona al pueblo de Dios con la plenitud de la tierra. De modo que, todo el pueblo de Dios, de toda la tierra, está representado en el tabernáculo.

Las tablas

1. Su origen. Las tablas procedían del bosque. Cada tabla representa a un cristiano. Nosotros, como creyentes, hemos sido cortados, talados a los pies de Cristo por el arrepentimiento, cuando escuchamos el evangelio, la Palabra de Dios. Como espada, esta nos echó a tierra, y después de talados, fuimos traídos a la casa de Dios. Vinimos a esta de la misma manera en que caímos, pero en la casa de Dios fuimos labrados, conforme a Efesios 2:1-3: "Y él os dio vida a vosotros, cuando estabais muertos en vuestros delitos y pecados, en los cuales anduvisteis en otro tiempo, siguiendo la corriente de este mundo, conforme al príncipe de la potestad del aire, el espíritu que ahora opera en los hijos de desobediencia, entre los cuales también todos nosotros vivimos en otro tiempo en los deseos de nuestra carne, haciendo la voluntad de la carne y de los pensamientos, y éramos por naturaleza hijos de ira, lo mismo que los demás."

2. Su desbaste. Felizmente, al ser traídos a la casa de Dios en estado bruto, pasamos por el cepillado. Para hacer este trabajo, el escultor o el carpintero utiliza las herramientas adecuadas para quitar la corteza de la madera y también la nuestra. Es necesario que todo sea desbastado o quitado por las afiladas herramientas del diestro carpintero de Nazaret. "En él también fuisteis circuncidados con circuncisión no hecha a mano, al echar de vosotros el cuerpo pecaminoso carnal, en la circuncisión de Cristo." "Pero ahora dejad también vosotros todas estas cosas: ira, enojo, malicia, blasfemia, palabras deshonestas de vuestra boca. No mintáis los unos a los otros, habiéndoos despojado del viejo hombre con sus hechos" (Colosenses 2:11; 3:8, 9).

La nueva vida es como un bloque de piedra que debe ser tallado por el escultor. En cierta ocasión un pastor visitaba un taller de escultura donde también se fabricaban imágenes religiosas. Fijó su atención en una piedra que estaba recibiendo los primeros cincelazos del artista. La piedra aún carecía de forma y no tenía ningún parecido con un ser humano. Por tanto, el pastor preguntó qué era aquello. El escultor le contestó inmediatamente: "¡Esto es un santo!" ¡El ministro del evangelio quedó sorprendido pues estaba delante de rasgos tan toscos y bastos! Entretanto, por medio de sus herramientas adecuadas, tales como el cincel y los punteros, ¡el artista transformaría aquel bloque de mármol en un "santo"! Dios hace lo mismo con nuestra vida. Nos saca del bosque de pecado, nos trae a su casa y, con la herramienta de su Palabra, efectúa el desbaste de innumerables impurezas, tales como palabras torpes, malos hábitos, vicios; transformándonos en hombres y mujeres perfectos en Cristo.

3. Su revestimiento. Note que esas tablas estaban cubiertas de oro. El oro habla de realeza, de gloria. "Y cubrirás de oro las tablas, y harás sus anillos de oro para meter por ellos las barras; también cubrirás de oro las barras" (Exodo 26:29). En Apocalipsis 1:6 afirma la Biblia: "Y nos hizo reyes y sacerdotes para Dios, su Padre; a él sea gloria e imperio por los siglos de los siglos. Amén." "Y nos ha hecho para nuestro Dios reyes y sacerdotes, y reinaremos sobre la tierra" (Apocalipsis 5:10). Aquí el creyente, después de haber sido despojado de todas las arrugas del pecado, es glorificado con el oro de la gloria de Dios, hecho participante de la realeza de Cristo y constituido rey y sacerdote.

4. Sus basas. Estas tablas, como ya vimos, estaban colocadas sobre basas de plata. Toda nuestra fortaleza, toda nuestra apariencia real descansa sobre basas de plata (símbolo de rescate, de redención). Hay otro aspecto interesante relacionado con las tablas: aunque las maderas fueran muy diferentes entre sí al ser traídas al tabernáculo, después de trabajadas quedaban todas iguales. Ante los ojos de Dios no hay unos mejores que otros. Dios no hace acepción de personas. "Donde no hay griego ni judío, circuncisión ni incircuncisión, bárbaro ni escita, siervo ni libre, sino que Cristo es el todo, y en todos" (Colosenses 3:11); "porque no hay acepción de personas para con Dios" (Romanos 2:11).

Las barras

Las barras o travesaños de madera que mantenían firmes y unidas las tablas, estaban también revestidas de oro: "Harás también cinco barras de madera de acacia, para las tablas de un lado del tabernáculo, y cinco barras para las tablas del otro lado del tabernáculo, y cinco barras para las tablas del lado posterior del tabernáculo, al occidente. Y la barra de en medio pasará por en medio de las tablas, de un extremo al otro" (Exodo 26:26-28). Esas barras señalan la unión espiritual descrita en el Salmo 133 y en Juan 17:22, 23. Las barras, por estar en grupos de a cinco, señalan también los ministerios descritos en 1 Corintios 12:5 y Efesios 4:9-13: "Y hay diversidad de ministerios, pero el Señor es el mismo." "Y eso de que subió, ¿qué es, sino que también había descendido primero a las partes más bajas de la tierra? El que descendió, es el mismo que también subió por encima e todos los cielos para llenarlo todo. Y él mismo constituyó a unos, apóstoles; a otros, profetas; a otros, evangelistas; a otros, pastores y maestros, a fin de perfeccionar a los santos para la obra del ministerio, para la edificación del cuerpo de Cristo, hasta que todos lleguemos a la unidad de la fe y del conocimiento del Hijo de Dios, a un varón perfecto, a la medida de la estatura de la plenitud de Cristo." Estos ministerios sostienen la Iglesia.

La cubierta

Veamos ahora la cobertura del Lugar Santo o tienda de la congregación. El texto que nos habla de esta cobertura está en Exodo 26:7-14: "Harás asimismo cortinas de pelo de cabra para una cubierta sobre el tabernáculo; once cortinas harás. La longitud de cada cortina será de treinta codos, y la anchura de cada cortina de cuadro codos; una misma medida tendrán las once cortinas. Y unirás cinco cortinas aparte y las otras seis cortinas aparte; y doblarás la sexta cortina en el frente del tabernáculo. Y harás cincuenta lazadas en la orilla de la cortina, al borde en la unión, y cincuenta lazadas en la orilla de la cortina de la segunda unión. Harás asimismo cincuenta corchetes de bronce, los cuales meterás por las lazadas; y enlazarás las uniones para que se haga una sola cubierta. Y la parte que sobra en las cortinas de la tienda, la mitad de la cortina que sobra, colgará a espaldas del tabernáculo. Y un codo de un lado, y otro codo del otro lado, que sobra a lo largo de las cortinas de la tienda, colgará sobre los lados del tabernáculo a un lado y al otro, para cubrirlo. Harás también a la tienda una cubierta de pieles de carneros teñidas de rojo, y una cubierta de pieles de tejones encima."

Siguiendo el orden de afuera hacia adentro, tenemos las siguientes coberturas:

1. Pieles de tejones. Por ser rústicas, quien mirase la tienda estando del lado exterior del tabernáculo no vería nada especial que le llamara la atención. Aparte de parecerse al desierto —cuya arena retenían— las pieles eran sencillas y sin belleza. Esta primera cubierta simboliza la persona de Jesucristo, según Isaías 53:2: "Subirá cual renuevo delante de él, y como raíz de tierra seca; no hay parecer en él, ni hermosura; le veremos, mas sin atractivo para que le deseemos." Los que miran a Cristo sin haberle antes conocido y recibido como Salvador, no pueden ver nada de extraordinario en él. Lo compararán con Buda, Zoroastro, Confucio, Aristóteles, o con alguno de los profetas bíblicos; o lo considerarán apenas un espíritu perfeccionado por las sucesivas reencarnaciones; o un ardiente revolucionario. Solamente el cristiano verdadero puede exclamar: "Vimos su gloria, gloria como del unigénito del Padre" (Juan 1:14).

2. Pieles de carnero teñidas de rojo. Esta cobertura simboliza la expiación, pues el rojo, como ya vimos, representa la sangre de Cristo derramada en la cruz del Calvario y lo señala a El como "el Cordero de Dios, que quita el pecado el mundo" (Juan 1:29).

3. Pelo de cabra. La tercera cobertura, de once cortinas de pelo de cabra sin teñir, indica la pureza de la justicia de Cristo. Jesús vivió una vida santa, sin pecado, y por eso pudo preguntar: "¿Quién de vosotros me redarguye de pecado?" (Juan 8:46).

4. Lino fino. Finalmente, la cuarta cobertura del Lugar Santo estaba constituida por diez cortinas de fino lino blanco, con primorosos bordados en azul. Una vez más nos encontramos aquí con el carácter celestial de Jesús, simbolizado por el color del cielo, de donde vino y a donde nos habrá de llevar: "No se turbe vuestro corazón; creéis en Dios, creed también en mí. En la casa de mi Padre muchas moradas hay; si así no fuera, yo os lo hubiera dicho; voy, pues, a preparar lugar para vosotros. Y si me fuere y os preparare lugar, vendré otra vez, y os tomaré a mí mismo, para que donde yo estoy, vosotros también estéis" (Juan 14:1-3).

Capítulo 3

Los objetos del tabernáculo

El orden de los objetos

En cuanto al orden en que son descritos los diferentes objetos del tabernáculo, cito las palabras de C. H. Mackintosh:

"Desde el punto de vista humano parece que hay cierta irregularidad en cuanto a la manera en que el Espíritu Santo presenta el mobiliario del tabernáculo; pero, en realidad, como es de esperarse, existe el más perfecto orden, la precisión más notable y la exactitud más minuciosa. Desde el capítulo 25 al capítulo 30, inclusive, tenemos una parte distinta del libro de Exodo. Esta parte se subdivide en otras dos, de las cuales la primera termina en el versículo 19 del capítulo 27, y la segunda al final del capítulo 30. La primera comienza con una descripción del arca del pacto, dentro del velo, y termina con el altar de bronce y el atrio en el cual debía ser puesto el altar. Quiere decir, que se nos da en primer lugar el trono de juicio del Señor sobre el cual se sentaba como Señor de toda la tierra, y este trono nos conduce al lugar donde el Señor sale al encuentro del pecador en virtud de y basado en la obra de una expiación consumada. Después, en la segunda parte, tenemos la manera en que el hombre debe acercarse a Dios: los privilegios, las honras y las responsabilidades de los que pueden acercarse como sacerdotes a la presencia divina para presentarle culto y disfrutar de su comunión. Visto así, el orden es perfecto y bello. ¿Podría no serlo, siendo que es divino? El arca y el altar de bronce representan, en cierto sentido, dos extremos. El primero era el trono de Dios establecido en justicia y juicio (Salmo 89:14). El segundo era el lugar donde el pecador podía acercarse, porque 'la misericordia y la verdad' están delante del rostro de Jehová. El hombre, por sí mismo, no se atrevía a acercarse al arca para encontrarse con Dios, porque el camino del santuario no estaba manifestado (Hebreos 9:8). Por eso Dios tenía que venir al altar de bronce para encontrarse con el pecador. 'La justicia y el juicio' no

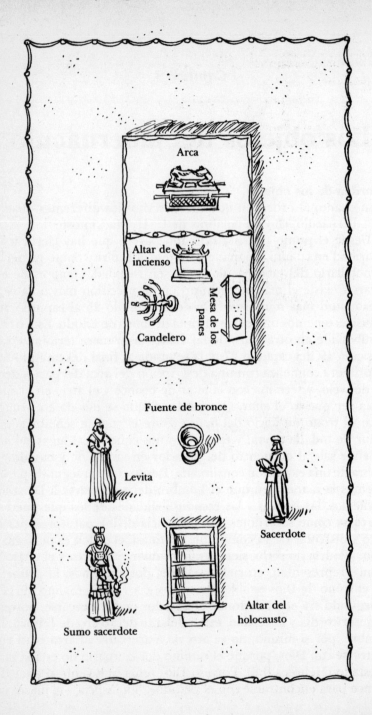

Arca

Altar de incienso

Mesa de los panes

Candelero

Fuente de bronce

Levita

Sacerdote

Sumo sacerdote

Altar del holocausto

podían admitir al pecador en el santuario pero 'la misericordia y la verdad' sí podían hacer salir a Dios; ya no envuelto en aquel resplandor irresistible y majestuoso como acostumbrara resplandecer en medio de las columnas místicas de su trono — los querubines de gloria —, sino rodeado del misterio grandioso que nos es presentado simbólicamente en el mobiliario y en la disposición del tabernáculo.

"Todo esto puede muy bien recordar el camino que atravesó aquel bendito Señor, que es antitipo de todos estos símbolos (la sustancia de estas sombras). El descendió del trono eterno de Dios en el cielo, hasta las profundidades de la cruz, en el Calvario. Dejó toda la gloria del cielo por la vergüenza de la cruz a fin de poder conducir a su pueblo redimido, perdonado y aceptado por sí mismo, y presentarlo sin culpa delante del propio trono que El había abandonado por amor a aquel. El Señor ocupa plenamente, en su propia persona y obra, todo el espacio que hay entre el trono de Dios y el polvo de la muerte, así como la distancia que hay entre el polvo de la muerte y el trono de Dios. En él descendió Dios, en gracia perfecta, hasta el pecador; y en él el pecador es conducido, en perfecta justicia, hasta Dios. Todo el camino, desde el arca hasta el altar, está marcado por huellas de amor; y todo el camino desde el altar de bronce hasta el arca de Dios está salpicado con la sangre de la expiación; y todo adorador, al pasar por ese camino maravilloso, ve el nombre de Jesús estampado en todo lo que se ofrece a su vista. ¡Que este nombre venga a ser lo más precioso de nuestro corazón!" (*Estudos sobre O Livro de Exodo* [Estudios sobre el libro de Exodo], Depósitos de Literatura Cristā, Lisboa, Portugal, 1978, pp. 215, 216.)

Pasemos, entonces, a los objetos del tabernáculo. Desde la entrada del atrio hasta el Lugar Santísimo, tenemos los objetos en el siguiente orden:

El altar del holocausto

Este objeto del tabernáculo señala hacia la cruz de Jesús. La Biblia lo describe así: "Harás también un altar de madera de acacia de cinco codos de longitud, y de cinco codos de anchura; será cuadrado el altar, y su altura de tres codos. Y le harás cuernos en sus cuatro esquinas; los cuernos serán parte del mismo; y lo cubrirás de bronce. Harás también sus calderos para recoger la ceniza, y sus paletas, sus tazones, sus garfios y sus braseros; harás todos sus utensilios de bronce. Y le harás un enrejado de bronce de obra de rejilla, y sobre la rejilla harás cuatro anillos de bronce a sus cuatro esquinas. Y la pondrás dentro del cerco del altar abajo; y llegará la rejilla hasta la mitad del altar. Harás también varas para el altar, varas de madera de acacia, las cuales cubrirás de bronce. Y las varas se meterán por los anillos, y estarán aquellas varas a ambos lados del altar cuando sea llevado. Lo harás hueco, de tablas; de la manera que te fue mostrado en el monte, así lo harás" (Exodo 27:1-8). Este altar era lo suficientemente grande como para inmolar sobre él a los animales del sacrificio.

La fuente de bronce

Simbolizando la Palabra de Dios, este objeto contenía agua en la que los sacerdotes tenían que lavarse cada vez que ministraran en el altar de bronce. No sabemos cuáles eran las dimensiones de este objeto, de la misma manera que no conocemos todo el extraordinario poder purificador de la Palabra de Dios: "Porque la palabra de Dios es viva y eficaz, y más cortante que toda espada de dos filos; y penetra hasta partir el alma y el espíritu, las coyunturas y los tuétanos, y discierne los pensamientos y las intenciones del corazón. Y no hay cosa creada que no sea manifiesta en su presencia; antes bien todas las cosas están desnudas y abiertas a los ojos de aquel a quien tenemos que dar cuenta" (Hebreos 4:12, 13).

La mesa de los panes de la proposición

Esta mesa, también llamada mesa de la presencia, tenía un metro de largo por cincuenta centímetros de ancho y setenta y cinco de altura. Sobre ella estaban los doce panes de la proposición, los cuales representaban a todo el pueblo de Dios. Eran comidos por los sacerdotes cada sábado, y después nuevamente restituidos. Esos panes señalan hacia la persona de Jesús como el Pan de Vida, el alimento espiritual del pueblo de Dios.

El candelero

En el lado izquierdo de la entrada al santuario estaba el candelero de oro, hecho de oro martillado, que pesaba treinta kilogramos. Este indicaba la iluminación y dirección del Espíritu Santo: "En este candelero no se hace mención de otra cosa que no sea de oro. 'Sus manzanas y sus brazos serán de una pieza, todo ello una pieza labrada a martillo, de oro puro' (Exodo 25:36). Las 'siete lamparillas', las cuales 'encenderás para que alumbren hacia adelante', representan la perfección de la luz y la energía del Espíritu Santo; vinculadas y combinadas estas con la eficacia perfecta de la obra de Cristo. Esto está indicado, doblemente, en esta magnífica imagen del candelero de oro. 'Las siete lamparillas, conectadas con las despabiladeras o canaletes de oro martillado', nos indican la obra cumplida por Cristo cómo la única base de manifestación del Espíritu Santo en la Iglesia. El Espíritu Santo no fue dado antes de que Jesús fuera glorificado. (Compárese Juan 7:39 con Hechos 19:2-6.) En Apocalipsis capítulo 3, Cristo es presentado a la iglesia de Sardis como aquel que tiene 'los siete espíritus'. Cuando el Señor Jesús fue exaltado a la diestra de Dios fue cuando se derramó el Espíritu Santo sobre su Iglesia, a fin de que ésta pudiera brillar según el poder y la perfección de su posición en el Lugar Santo, en su propia esfera de existencia, de acción y de culto" (C. H. Mackintosh, ob. cit., p. 223).

El altar del incienso

El altar del incienso, el cual simboliza nuestras oraciones y adoración, era un objeto de madera todo cubierto de oro. Tenía cincuenta centímetros de cada lado y un metro de altura. Estaba situado delante del tercer velo.

El arca

Colocada dentro del Lugar Santísimo, el arca era un objeto de madera de acacia, toda cubierta de oro por dentro y por fuera. Medía 125 cm de largo por 75 de ancho y 75 de altura. El arca representaba la base del trono de Dios, pues sobre ella estaba el propiciatorio con los querubines de gloria. En Isaías 53:2 vemos la humanidad de Cristo representada por la acacia, una madera del desierto.

El arca simbolizaba el testimonio de Dios: "Y pondrás el velo debajo de los corchetes, y meterás allí, del velo adentro, el arca del testimonio; y aquel velo os hará separación entre el lugar santo y el santísimo" (Éxodo 26:33). "Mas yo tengo mayor testimonio que el de Juan; porque las obras que el Padre me dio para que cumpliese, las mismas obras que yo hago, dan testimonio de mí, que el Padre me ha enviado. También el Padre que me envió ha dado testimonio de mí. Nunca habéis visto su voz, ni habéis visto su aspecto" (Juan 5:36, 37). El arca simboliza la presencia de Dios entre su pueblo: "Y de allí me declararé a ti, y hablaré contigo de sobre el propiciatorio, de entre los dos querubines que están sobre el arca del testimonio, todo lo que yo te mandare para los hijos de Israel" (Éxodo 25:22); "He aquí, una virgen concebirá y dará a luz un hijo, y llamarás su nombre Emanuel, que traducido es: Dios con nosotros" (Mateo 1:23). El arca estaba en el Lugar Santísimo. "Es ministro del santuario del cielo, verdadero lugar de adoración

El altar del holocausto, el objeto más grande del tabernáculo, señalaba hacia la cruz de Cristo

construido no por manos humanas sino por el Señor" (Hebreos 8:2 [La Biblia al Día]). "Porque no entró Cristo en el santuario hecho de mano, figura del verdadero, sino en el cielo mismo para presentarse ahora por nosotros ante Dios" (Hebreos 9:24).

El arca es la primera cosa que mencionó Dios cuando le ordenó a Moisés la construcción del tabernáculo (Exodo 25:10; Colosenses 1:19, 20). El Señor, al diseñar el plano del tabernáculo, comenzó por El mismo. Como el hombre no podía entrar a la presencia de Dios, Dios mismo venía al encuentro del hombre en el altar de bronce, "dando el Espíritu Santo a entender con esto que aún no se había manifestado el camino al Lugar Santísimo, entre tanto que la primera parte del tabernáculo estuviese en pie" (Hebreos 9:8).

Los anillos y las varas que aparecen en todos los objetos del tabernáculo indican el carácter ambulante de este santuario.

La importancia del arca para Israel puede apreciarse por los diversos nombres que le son dados en el Antiguo Testamento: arca (Exodo 25:10); arca de testimonio (Exodo 25:22); arca del pacto

Las tablas de la ley, la vara de Aarón y el maná fueron colocados en el arca como un testimonio para las futuras generaciones

(Números 10:33); arca del pacto del Señor (Josué 3:11); arca de Jehová (Josué 3:13); arca del pacto de Dios (Jueces 20:27); arca de Dios (1 Samuel 3:3); arca del pacto de Jehová de los ejércitos (1 Samuel 4:4); arca del Dios de Israel (1 Samuel 5:7); arca de Jehová el Señor (1 Reyes 2:26); arca del pacto de Jehová (1 Reyes 3:15); arca de nuestro Dios (1 Crónicas 13:3); arca de Jehová Dios (1 Crónicas 13:6); arca de tu poder (2 Crónicas 6:41; Salmo 132:8); y arca santa (2 Crónicas 35:3). Se repiten decenas de veces en las Escrituras algunos de estos nombres, los cuales sumados llegan a casi doscientos.

El contenido del arca

1. El arca contenía las tablas de la ley: "Y pondrás en el arca el testimonio que yo te daré" (Exodo 25:16). Puesto que las tablas de la ley representaban la voluntad de Dios hacia el pueblo de Israel, estas simbolizaban a Jesús, quien tenía la voluntad de Dios en su corazón: "El hacer tu voluntad, Dios mío, me ha agradado, y tu ley está en medio de mi corazón" (Salmo 40:8). También simbolizaban al creyente (Jeremías 31:33). Moisés, al descender del monte Sinaí, indignado por la idolatría del pueblo, quebró las tablas escritas por Dios. "Y aconteció que cuando él llegó al campamento, y vio el becerro y las danzas, ardió la ira de Moisés, y arrojó las tablas de sus manos, y las quebró al pie del monte" (Exodo 32:19).

2. La vara de Aarón, que floreció, habla de la resurrección de

Cristo y asimismo del ministerio aprobado que produce flores y frutos (Números 17:16-26). La justicia y el juicio, simbolizados por las tablas de la ley y por la vara de Aarón, no permitían la presencia del pecador. La gracia y la misericordia vinieron por medio de Cristo en esplendor y gloria, "pues la ley por medio de Moisés fue dada, pero la gracia y la verdad vinieron por medio de Jesucristo" (Juan 1:17). Jesús recorrió todo el camino que había entre la gloria y el polvo de la muerte, o sea, desde el propiciatorio entre los querubines de gloria hasta el altar de bronce, la cruz del Calvario; y lo recorrió también de regreso, rociando con su sangre todos los lugares, hasta el trono de Dios.

3. El maná, colocado en un recipiente dentro del arca, señala la provisión de Dios para su pueblo: "Y dijo Moisés: Esto es lo que Jehová ha mandado: Llenad un gomer de él, y guardadlo para vuestros descendientes, a fin de que vean el pan que yo os di a comer en el desierto, cuando yo os saqué de la tierra de Egipto. Y dijo Moisés a Aarón: Toma una vasija y pon en ella un gomer de maná, y ponlo delante de Jehová, para que sea guardado para vuestros descendientes. Y Aarón lo puso delante del testimonio para guardarlo, como Jehová lo mandó a Moisés" (Exodo 16:32-34). "Este es el pan que descendió del cielo; no como vuestros padres comieron el maná, y murieron; el que come de este pan vivirá eternamente" (Juan 6:58). "El que tiene oído, oiga lo que el Espíritu dice a las iglesias. Al que venciere, daré a comer del maná escondido, y le daré una piedrecita blanca, y en la piedrecita escrito un nombre nuevo, el cual ninguno conoce sino aquel que lo recibe" (Apocalipsis 2:17).

Acerca del profundo significado espiritual del arca, leamos una vez más lo que dice Mackintosh, el dedicado estudioso de los libros de Moisés:

"El arca del pacto ocupa el primer lugar en las instrucciones divinas dadas a Moisés. También era importante su posición dentro del tabernáculo. Encerrada dentro del velo, en el Lugar Santísimo, constituía la base del trono de Jehová. Su propio nombre simbolizaba el alma y su importancia. Un arca, tal cual podemos entender el significado de la palabra, está destinada a guardar intacto lo que se conserva dentro de ella. Fue en un arca que Noé y su familia, y todas las especies de animales de la creación, fueron transportados con seguridad sobre las ondas de juicio que cubrieron la tierra. Un arca, como leemos al principio, fue el instrumento de fe utilizado para salvar a un hermoso niño (Moisés) de las aguas de la muerte. Cuando, por consiguiente, leemos acerca del 'arca del pacto', somos llevados a creer que ésta estaba destinada por Dios para guardar intacto su pacto, en medio de un pueblo inclinado al error. En esta arca, como sabemos, fueron colocadas las segundas tablas de la ley. En cuanto a las primeras, éstas fueron quebradas al pie del monte, dando a entender con ello que el pacto del hombre estaba del todo abolido y que sus obras nunca podrían, en modo alguno, constituir la base del trono del gobierno de Jehová. 'La justicia y el juicio' son la morada de ese 'trono', ya sea en su aspecto terrenal o en el celestial. El arca no podía contener las tablas quebradas dentro de su sagrado interior. El hombre podía fallar en cumplir con los votos que había hecho voluntariamente; por eso la ley de Dios tenía que ser conservada en toda su integridad y perfección divina. Si Dios iba a establecer su trono en medio de su pueblo, sólo podía hacerlo de una manera digna de El. El principio de su juicio y de su gobierno debía ser perfecto. . .

"El arca del pacto debía acompañar al pueblo en todas sus peregrinaciones. Nunca se detuvo durante el tiempo que se mantuvieron como un ejército en movilización o en los conflictos. Fue delante de ellos hasta el centro del Jordán; fue su punto de reunión en todas las guerras de Canaán; fue garantía segura y cierta del poder de Dios por dondequiera que iba. Ningún poder del enemigo podía permanecer delante de aquello que era la manifestación bien conocida de la presencia y del poder de Dios. El arca debía ser la compañera inseparable de Israel en el desierto; y las 'varas' y los 'anillos' eran la representación de su carácter peregrino.

"No obstante, el arca no habría de viajar siempre. Las aflicciones de David (Salmo 132:1), lo mismo que las guerras de Israel, debían llegar a su fin. La oración 'Levántate, oh Jehová, al lugar de tu reposo, tú y el arca de tu poder' (Salmo 132:8) debía aún ser hecha y respondida. Esta sublime petición tuvo su cumplimiento parcial en los días gloriosos de Salomón, cuando 'los sacerdotes metieron el arca del pacto del Señor en su lugar, en el santuario de la casa, en el lugar santísimo, debajo de las alas de los querubines. Porque los querubines tenían extendidas las alas sobre el lugar del arca, y así cubrían los querubines el arca y sus varas por encima. Y sacaron las varas, de manera que sus extremos se dejaban ver desde el lugar santo, que está delante del lugar santísimo, pero no se dejaban ver desde más afuera; y así quedaron hasta hoy' (1 Reyes 8:6-8). La arena del desierto habría de ser sustituida por el piso de oro del templo (1 Reyes 6:30). Las peregrinaciones del arca habían llegado a su fin: 'No había adversario, ni ningún mal encontró' y, por tanto, hicieron sobresalir las barras.

"Esta no era la única diferencia entre el arca en el tabernáculo y en el templo. El apóstol, hablando del arca en su habitación del desierto, la describe como el 'arca del pacto, cubierta de oro por todas partes, en la que estaba una urna de oro que contenía el maná, la vara de Aarón que reverdeció, y las tablas del pacto' (Hebreos 9:4). Estos eran los objetos que contenía el arca durante sus viajes por el desierto: la urna con el maná era un recordatorio de la fidelidad del Señor en suplir todas las necesidades de sus redimidos que peregrinaron a través del desierto; la vara de Aarón era 'señal para los hijos rebeldes' para acabar con 'sus murmuraciones'. (Compárese con Exodo 16:32-34 y Números 17:10.) Por tanto, cuando llegó el momento cuando 'las barras' debían ser retiradas, después que las peregrinaciones y las guerras de Israel habían terminado; cuando 'la casa magnífica por excelencia' (1 Crónicas 22:5) fue terminada; cuando el sol de la gloria de Israel había llegado — figuradamente — al cenit con el esplendor y la magnificencia del reinado de Salomón, entonces la memoria de las necesidades y faltas del pueblo en el desierto desaparecieron, y nada quedaba, sino sólo aquello que constituía el fundamento eterno del trono del Dios de Israel y de toda la tierra. 'En el arca ninguna cosa había sino las dos tablas de piedras que allí había puesto Moisés en Horeb' (1 Reyes 8:9).

"Pero toda esta gloria habría de ser oscurecida por las nubes cargadas por el fracaso humano y el descontento de Dios. La planta destructora del incircunciso habría aún de pisotear las ruinas de aquella magnífica casa, y la desaparición de su esplendor y gloria debía provocar el asombro de los extranjeros (1 Reyes 9:8). Este no es el momento para continuar tratando los pormenores de este asunto; me limitaré a citar para el lector la última mención que hace la Palabra de Dios del 'arca del pacto'; un pasaje que nos lleva a una época en que la locura humana y el pecado no perturbarán más el lugar de reposo del arca, en que esta no estará más encerrada en un tabernáculo de cortinas, ni tampoco en un templo hecho de manos: 'El séptimo ángel tocó la trompeta, y hubo grandes voces en el cielo, que decían: Los reinos de este mundo han venido a ser de nuestro Señor y de su Cristo; y él reinará por los siglos de los siglos. Y los veinticuatro ancianos que estaban sentados delante de Dios en sus tronos, se postraron sobre sus rostros, y adoraron a Dios, diciendo: Te damos gracias, Señor Dios Todopoderoso, el que eres y que eras y que has de venir, porque has tomado tu gran poder, y has reinado. Y se airaron las naciones, y tu ira ha venido, y el tiempo de juzgar a los muertos, y de dar el galardón a tus siervos los profetas, a los santos, y a los que temen tu nombre, a los pequeños y a los grandes, y de destruir a los que destruyen la tierra. Y el templo de Dios fue abierto en el cielo, y el arca de su pacto se veía en el templo. Y hubo relámpagos, voces, truenos, un terremoto y grande granizo' (Apocalipsis 11:15-19)." (Ob. cit. pp. 217-220.)

El propiciatorio

Este objeto, hecho de oro puro, representa el trono de Dios (Isaías 6:2). Era un trono de misericordia, pues la palabra propiciatorio significa "donde Dios nos es propicio", nos es favorable. "Y él es la propiciación por nuestros pecados; y no solamente por los nuestros, sino también por los de todo el mundo" (1 Juan 2:2).

El propiciatorio estaba protegido por los querubines, símbolo del poder de Dios: "Echó, pues, fuera al hombre, y puso al oriente del huerto de Edén querubines, y una espada encendida que se revolvía por todos lados, para guardar el camino del árbol de la vida" (Génesis 3:24). En los querubines resplandecía el fuego de la gloria de Dios, haciendo sombra sobre el propiciatorio. Dios habitaba entre los querubines; por eso el autor de la Epístola a los Hebreos (9:5), dice: "Y sobre ella los querubines de gloria que cubrían el propiciatorio; de las cuales cosas no se puede ahora hablar en detalle." Ahora, si los querubines hacían sombra sobre el propiciatorio, es porque estaba sobre ellos el *shekinal*, o fuego terrible, fuego de Dios, que en ellos resplandecía.

Considerados en conjunto, el arca y el propiciatorio constituyen una admirable figura del Señor Jesucristo en su adorable persona y en su perfecta obra. Mackintosh, a este respecto, comenta:

"Habiendo engrandecido la ley, por medio de su vida, y ennobleciéndola, vino a ser, por medio de su muerte, la propiciación o propiciatorio para todo el que cree. La misericordia de Dios sólo podía reposar sobre una base de perfecta justicia: '. . .la gracia reine por la justicia para vida eterna mediante Jesucristo, Señor nuestro' (Romanos 5:21). El único lugar apropiado para el encuentro entre Dios y el hombre es aquel en que la gracia y la justicia se encuentran y armonizan perfectamente. Nada sino la justicia perfecta puede agradar a Dios; y nada sino la gracia perfecta puede convenir al pecador. Pero, ¿dónde podrían encontrarse estos atributos? Solamente en la cruz. Es allí donde la misericordia y la verdad se encontraron; que la justicia y la paz se besaron (Salmo 85:10). Es así como el alma del pecador encuentra la paz. Este ve que la justicia de Dios, y la justificación que da, reposan sobre el mismo funda-

"Y tomó Moisés el aceite de la unción y ungió el tabernáculo y todas las cosas que estaban en él. . ."

mento, esto es, en la obra consumada por Cristo. Cuando el hombre, bajo la influencia poderosa de la verdad de Dios, tomar su lugar como pecador, Dios puede, en el uso de la gracia, tomar el lugar que le corresponde como Salvador, y entonces toda la enemistad queda solucionada, porque habiendo la cruz satisfecho todas las exigencias de la justicia divina, los ríos de la gracia pueden correr sin impedimento. Cuando el Dios justo y el pecador se encuentran sobre una plataforma salpicada de sangre, todo está resuelto para siempre; resuelto para que Dios pueda ser glorificado perfectamente y el pecador salvado por toda la eternidad. Sea Dios verdadero y todo hombre mentiroso; cuando el hombre es llevado totalmente hasta el punto más bajo de su condición moral delante de Dios y está listo para aceptar el lugar que la verdad de Dios le asigna, entonces reconoce que Dios se ha revelado como el Justo justificador. Esto debe dar paz a la conciencia; pero no sólo paz, sino además la capacidad de tener comunión con Dios y de oír sus santos preceptos por el conocimiento de la relación en que la gracia divina nos ha introducido."

La unción y la aspersión

La Biblia habla también de la unción y de la aspersión del tabernáculo. Dice que éste sólo fue lleno de la gloria divina después de haber sido ungido con aceite santo y rociado con sangre: "Y tomó Moisés el aceite de la unción y ungió el tabernáculo y todas las cosas que estaban en él, y las santificó. Y roció de él sobre el altar siete veces, y ungió el altar y todos sus utensilios, y la fuente y su base, para santificarlos" (Levítico 8:10, 11). "Y Eleazar el sacerdote tomará de la sangre con su dedo, y rociará hasta la parte delantera del tabernáculo de reunión con la sangre de ella siete veces" (Números 19:4).

El número de aspersiones (siete) indica unción y aspersión perfectas. Solamente en la persona de un Salvador ungido y crucificado puede habitar Dios entre los hombres. Jesús fue ungido al comienzo de su ministerio, después de haber sido bautizado en el Jordán por Juan el Bautista. Allí el Espíritu Santo descendió sobre él, ungiéndolo. Finalmente, fue rociado en el Calvario con su propia sangre purificadora, derramada desde su frente por las espinas de la corona; de su costado por la lanza del soldado romano; y de sus manos y pies por los clavos. Nótese que estos clavos, por ser de bronce, hablan del juicio de nuestros pecados: "Todos los utensilios del tabernáculo en todo su servicio, y todas sus estacas, y todas las estacas del atrio, serán de bronce" (Exodo 27:19).

Capítulo 4

El sacerdocio

La separación de los sacerdotes

1. Los sacerdotes servían a Dios, en tanto que los levitas servían a los sacerdotes. "Harás llegar delante de ti a Aarón tu hermano, y a sus hijos consigo, de entre los hijos de Israel, para que sean mis sacerdotes; a Aarón y a Nadab, Abiú, Eleazar e Itamar hijos de Aarón" (Exodo 28:1). "Y Jehová habló a Moisés, diciendo: Haz que se acerque la tribu de Leví, y hazla estar delante del sacerdote Aarón, para que le sirvan, y desempeñen el encargo de él, y el encargo de toda la congregación delante del tabernáculo de reunión para servir en el ministerio del tabernáculo; y guarden todos los utensilios del tabernáculo de reunión, y todo lo encargado a ellos por los hijos de Israel, y ministren en el servicio del tabernáculo. Y darás los levitas a Aarón y a sus hijos; le son enteramente dados de entre los hijos de Israel" (Números 3:5-9). La Iglesia debe ser como un sacerdocio, a fin de ofrecer sacrificios espirituales a Dios: "Vosotros también, como piedras vivas, sed edificados como casa espiritual y sacerdocio santo, para ofrecer sacrificios espirituales aceptables a Dios por medio de Jesucristo" (1 Pedro 2:5).

2. Los sacerdotes tenían que ser parientes del sumo sacerdote y vestir hermosamente. "Porque el que santifica y los que son santificados, de uno son todos; por lo cual no se avergüenza de llamarlos hermanos" (Hebreos 2:11). El creyente tiene que pertenecer a la familia de Cristo por el nuevo nacimiento, y estar vestido con vestiduras de justicia y gloria. Jesús dejó esto bien claro en la parábola de la fiesta de bodas: "Y le dijo: Amigo, ¿cómo entraste aquí, sin estar vestido de boda? Mas él enmudeció" (Mateo 22:12). El nuevo nacimiento es el vestido nupcial del creyente. "Respondió Jesús: De cierto, de cierto te digo, que el que no naciere de agua y del Espíritu, no puede entrar en el reino de Dios. Lo que es nacido de la carne, carne es; y lo que es nacido del Espíritu, espíritu es. No te maravilles de que te dije: Os es necesario nacer

de nuevo" (Juan 3:5-7). Idéntica lección aprendemos de la parábola del hijo pródigo, en la cual el Padre lo primero que hace es proporcionarle el mejor vestido a aquel que se arrepintió y volvió al hogar paterno.

3. Los sacerdotes eran constituidos para beneficio de los hombres en las cosas pertenecientes a Dios (Hebreos 5:1-3). Los creyentes, como sacerdotes, entran a la presencia de Dios en favor de los hombres. El sacerdocio universal de los creyentes fue una de las doctrinas fundamentales de la Reforma Protestante.

La consagración de los sacerdotes

1. Antes de la mediación, el sacerdocio. Cristo no es sacerdote para el mundo sino para la Iglesia. "Yo ruego por ellos; no ruego por el mundo, sino por los que me diste; porque tuyos son. . . Mas no ruego solamente por éstos, sino también por los que han de creer en mí por la palabra de ellos" (Juan 17:9, 20).

2. Los sacerdotes no se consagran a sí mismos. Son consagrados por otros. Debemos únicamente presentar nuestros cuerpos: "Así que, hermanos, os ruego por las misericordias de Dios, que presentéis vuestros cuerpos en sacrificio vivo, santo, agradable a Dios, que es vuestro culto racional" (Romanos 12:1).

3. Los sacerdotes tenían que ser lavados con agua. El texto de Exodo 29:4 dice: "Y llevarás a Aarón y a sus hijos a la puerta del tabernáculo de reunión y los lavarás con agua." La gran necesidad y la importancia de la pureza moral o santidad pueden ser apreciadas en estos pasajes: "Apartaos, apartaos, salid de ahí, no toquéis cosa inmunda; salid de en medio de ella; purificaos los que lleváis los utensilios de Jehová" (Isaías 52:11). "Jesús le dijo: El que está lavado, no necesita sino lavarse los pies, pues está todo limpio; y vosotros limpios estáis, aunque no todos" (Juan 13:10). "Así que, amados, puesto que tenemos tales promesas, limpiémonos de toda contaminación de carne y de espíritu, perfeccionando la santidad en el temor de Dios" (2 Corintios 7:1). El agua es símbolo del bautismo. Aarón, como tipo de Cristo, no necesitaba lavarse. Jesús no necesitaba del bautismo de Juan, pero se sujetó a él, cumpliendo así toda la Escritura. "Mas Juan se le oponía, diciendo: Yo necesito ser bautizado por ti, ¿y tú vienes a mí? Pero Jesús le respondió: Deja ahora, porque así conviene que cumplamos toda justicia. Entonces le dejó" (Mateo 3:14, 15).

4. Aarón fue primeramente lavado y después ungido. "Luego tomarás el aceite de la unción, y lo derramarás sobre su cabeza, y le ungirás" (Exodo 29:7). "Y Jesús, después que fue bautizado, subió

Los sacerdotes eran constituidos para beneficio de los hombres en las cosas pertenecientes a Dios

gua; y he aquí los cielos le fueron abiertos, y vio al
de Dios que descendía como paloma, y venía sobre él"
(Mateo 3:16). "¡Mirad cuán bueno y cuán delicioso es habitar los
hermanos juntos en armonía! Es como el buen óleo sobre la cabeza,
el cual desciende sobre la barba, la barba de Aarón" (Salmo 133:1,
2). Jesús, siguiendo el orden de consagración dado a los sacerdotes,
fue primeramente bautizado en agua y después ungido con el
Espíritu Santo.

*5. Aarón, el sumo sacerdote, como tipo de Cristo, es ungido antes
de los sacrificios.* En el caso de los sacerdotes, como tipo del creyente, la sangre precede a la unción: "Luego tomarás el aceite de
la unción, y lo derramarás sobre su cabeza, y le ungirás. Y harás
que se acerquen sus hijos, y les vestirás las túnicas" (Exodo 29:7,
8). "Y derramó del aceite de la unción sobre la cabeza de Aarón,
y lo ungió para santificarlo" (Levítico 8:12). "Hizo acercarse luego
los hijos de Aarón, y puso Moisés de la sangre sobre el lóbulo de
sus orejas derechas, sobre los pulgares de las manos derechas, y
sobre los pulgares de sus pies derechos; y roció Moisés la sangre
sobre el altar alrededor. Luego tomó Moisés del aceite de la unción,
y de la sangre que estaba sobre el altar, y roció sobre Aarón, y
sobre sus vestiduras, sobre sus hijos, y sobre las vestiduras de sus
hijos con él; y santificó a Aarón y sus vestiduras, y a sus hijos y las
vestiduras de sus hijos con él" (Levítico 8:24, 30).

*6. La unción del sumo sacerdote indicaba que éste debía estar
lleno del Espíritu Santo para la edificación y alegría del pueblo.* "Ni
saldréis de la puerta del tabernáculo de reunión, porque moriréis;
por cuanto el aceite de la unción de Jehová está sobre vosotros. Y
ellos hicieron conforme al dicho de Moisés" (Levítico 10:7). "Porque el que Dios envió, las palabras de Dios habla; pues Dios no da
el Espíritu por medida" (Juan 3:34). "Porque tal sumo sacerdote
nos convenía: santo, inocente, sin mancha, apartado de los pecadores, y hecho más sublime que los cielos" (Hebreos 7:26). Un
detalle interesante en cuanto a la consagración del sacerdote es
que el sacerdocio de Jesús es según el orden de Melquisedec y no
según el de Aarón. Solamente el sacerdocio de Melquisedec fue
constituido con juramento: "Juró, Jehová, y no se arrepentirá: tú
eres sacerdote para siempre según el orden de Melquisedec"
(Salmo 110:4); "Y esto no fue hecho sin juramento; porque los
otros ciertamente sin juramento fueron hechos sacerdotes; pero
éste, con el juramento del que le dijo: juró el Señor, y no se arrepentirá: tú eres sacerdote para siempre, según el orden de Melquisedec" (Hebreos 7:20, 21).

Aarón fue primeramente
lavado y después ungido

El becerro de la consagración

El orden de los sacrificios ceremoniales de consagración de los sacerdotes aparece en Exodo 29, comenzando con el versículo 10:

1. "Después llevarás el becerro delante del tabernáculo de reunión, y Aarón y sus hijos pondrán sus manos sobre la cabeza del becerro." El becerro simboliza la persona de Jesús como el siervo sufriente, lleno de mansedumbre. El hecho de que Aarón y sus hijos pusieran sus manos sobre la víctima indicaba su identificación con ella.

2. "Y matarás al becerro delante de Jehová, a la puerta del tabernáculo de reunión. Y de la sangre del becerro tomarás y pondrás sobre los cuernos del altar con tu dedo, y derramarás toda la demás sangre al pie del altar. Tomarás también toda la grosura

que cubre los intestinos, la grosura de sobre el hígado, los dos riñones, y la grosura que está sobre ellos, y lo quemarás sobre el altar" (vv. 11-13). El becerro degollado, cuya sangre era derramada al pie del altar, nos señala a Jesús: "Por tanto, yo le dará parte con los grandes, y con los fuertes repartirá despojos; por cuanto *derramó* su vida hasta la muerte, y fue contado con los pecadores, habiendo él llevado el pecado de muchos, y orado por los transgresores" (Isaías 53:12, cursivas del autor). Compárese con Levítico 17:11: "Porque la vida de la carne en la sangre está, y yo os la he dado para hacer expiación sobre el altar por vuestras almas; y la misma sangre hará expiación de la persona."

3. Las entrañas del animal eran quemadas sobre el altar dentro del campamento. Jesús se dejó consumir para beneficio de su pueblo Israel.

4. Todo lo demás, como la carne, la piel y el estiércol, debía ser quemado fuera del campamento, por ser ofrenda por el pecado. "Pero la carne del becerro, y su piel y su estiércol, los quemarás a fuego fuera del campamento; es ofrenda por el pecado" (Exodo 29:14). "Porque los cuerpos de aquellos animales cuya sangre a causa del pecado es introducida en el santuario por el sumo sacerdote, son quemados fuera del campamento" (Hebreos 13:11). Jesús fue muerto fuera de las puertas de Jerusalén. "Así que, ofrezcamos siempre a Dios, por medio de él, sacrificio de alabanza, es decir, fruto de labios que confiesan su nombre. Y de hacer bien y de la ayuda mutua no os olvidéis; porque de tales sacrificios se agrada Dios" (Hebreos 13:15, 16). Si queremos ofrecer a Dios verdaderos sacrificios de alabanza, en los cuales El se complazca, tenemos que seguir el ejemplo de Jesús, quien se ofreció en sacrificio sobre la cruz fuera de los muros de Jerusalén.

Los carneros de la consagración

1. Después de imponer las manos sobre el primer carnero, que es una figura de Cristo como oferente, lo degollaban, lo partían en pedazos, le lavaban las entrañas y las piernas, y enseguida lo quemaban totalmente. "Asimismo tomarás uno de los carneros, y Aarón y sus hijos pondrán sus manos sobre la cabeza del carnero. Y matarás el carnero, y con su sangre rociarás sobre el altar alrededor. Cortarás el carnero en pedazos, y lavarás sus intestinos y sus piernas, y las pondrás sobre sus trozos y sobre su cabeza. Y quemarás todo el carnero sobre el altar; es holocausto de olor grato para Jehová, es ofrenda quemada a Jehová" (Exodo 29:15-18). Las entrañas, así como las piernas lavadas con agua, hablan de la per-

Aarón, el sumo sacerdote, como tipo de Cristo, es ungido antes de los sacrificios

fecta santidad de Cristo, tanto interior como exterior. Nos enseña, por consiguiente, la manera correcta en que debemos andar, conforme lo recomienda Hebreos 13:20, 21: "Y el Dios de paz que resucitó de los muertos a nuestro Señor Jesucristo, el gran pastor de las ovejas, por la sangre del pacto eterno, os haga aptos en toda obra buena para que hagáis su voluntad, haciendo él en vosotros lo que es agradable delante de él por Jesucristo; al cual sea la gloria por los siglos de los siglos. Amén."

2. Después tomaban otro carnero — tipo de Cristo como ofrenda — el cual era degollado después de habérsele impuesto las manos, y con su sangre eran ungidos la oreja derecha y el dedo pulgar de la mano y del pie derechos de Aarón y de sus hijos. Dice la Biblia: "Tomarás luego el otro carnero, y Aarón y sus hijos pondrán sus manos sobre la cabeza del carnero. Y matarás el carnero, y tomarás de su sangre y la pondrás sobre el lóbulo de la oreja derecha de Aarón, sobre el lóbulo de la oreja de sus hijos, sobre el dedo pulgar de las manos derechas de ellos, y sobre el dedo pulgar de los pies derechos de ellos, y rociarás la sangre sobre el altar alrededor. Y con la sangre que estará sobre el altar, y el aceite de la unción, rociarás sobre Aarón, sobre sus vestiduras, sobre sus hijos, y sobre las vestiduras de éstos; y él será santificado, y sus vestiduras, y sus hijos, y las vestiduras de sus hijos con él" (Exodo 29:19-22). La oreja indica que los oídos de los sacerdotes estaban ungidos y listos para oír la Palabra de Dios. Los pulgares de la mano derecha de Aarón y de sus hijos señalan la práctica del bien, las buenas obras (Efesios 2:10), y los pulgares de los pies indican la preparación para caminar por el camino recto (Salmo 1:1). Esta unción, desde la oreja hasta la punta de los dedos de los pies, que representa las extremidades del cuerpo, nos enseña a entregar toda nuestra vida al servicio de Dios, tal como lo expresa David: "Bendice, alma mía, a Jehová, y bendiga *todo mi ser* su santo nombre. Bendice, alma mía, a Jehová, y no olvides ninguno de sus beneficios" (Salmo 103:1, 2).

3. El hecho de que sólo el lado derecho era ungido con sangre identifica a los sacerdotes como los escogidos de Cristo, los cuales están a su derecha: "Y pondrá las ovejas a su derecha, y los cabritos a su izquierda. Entonces el Rey dirá a los de su derecha: Venid, benditos de mi Padre, heredad el reino preparado para vosotros desde la fundación del mundo" (Mateo 25:33, 34).

El alimento de los sacerdotes

"Luego tomarás del carnero la grosura, y la cola, y la grosura que cubre los intestinos, y la grosura del hígado, y los dos riñones, y la grosura que está sobre ellos, y la espaldilla derecha; porque es carnero de consagración" (Exodo 29:22). El creyente, como sacerdote, se alimenta de la *gracia* de Dios representada por la grosura (la grasa); del *amor* de Cristo simbolizados por las entrañas del animal; y vence por la *fuerza* de los hombros de Cristo. "También una torta grande de pan, y una torta de pan de aceite, y una hojaldre del canastillo de los panes sin levadura presentado a Jehová, y lo pondrás todo en las manos de Aarón, y en las manos de sus hijos; y lo mecerás como ofrenda mecida delante de Jehová. Después lo tomarás de sus manos y lo harás arder en el altar, sobre el holocausto, por olor grato delante de Jehová. Es ofrenda encendida a Jehová" (Exodo 29:23-25). Esos alimentos sin levadura, que eran totalmente consumidos sobre el holocausto, señalan hacia

Los alimentos eran consagrados a Dios antes de ser ingeridos por los sacerdotes

el Señor Jesús como el pan vivo y Santo que descendió del cielo y se ofreció completamente al Padre en la cruz. Nótese que los alimentos ofrecidos a Dios son quemados, mientras que el pecho y el muslo, después de ser presentados a Dios para ser bendecidos por El, son comidos por los sacerdotes. Se trata, por tanto, de acciones diferentes y con fines distintos, como lo registra el texto que sigue: "Y tomarás el pecho del carnero de las consagraciones, que es de Aarón, y lo mecerás por ofrenda mecida delante de Jehová; y será porción tuya. Y apartarás el pecho de la ofrenda mecida, y la espaldilla de la ofrenda elevada, lo que fue mecido y lo que fue elevado del carnero de las consagraciones de Aarón y de sus hijos" (Exodo 29:26, 27).

Las vestiduras sacerdotales

Las ropas santas tipificaban la justicia de Cristo (Apocalipsis 19:8), y significaban que los sacerdotes eran hombres activos y capacitados para la obra de Dios.

1. La túnica. Esta es la primera pieza descrita en Exodo 28:39: "Y bordarás una túnica de lino, y harás una mitra de lino; harás también un cinto de obra de recamador." La túnica de lino fino era una pieza interior, y representa el evangelio, que no puede ser dividido ni fragmentado: "Cuando los soldados hubieron crucificado a Jesús, tomaron sus vestidos, e hicieron cuatro partes, una para cada soldado. Tomaron también su túnica, la cual era sin costura, de un solo tejido de arriba abajo. Entonces dijeron entre sí: No la partamos, sino echemos suertes sobre ella, a ver de quién será. Esto fue para que se cumpliese la Escritura, que dice: Repartieron entre sí mis vestidos, y sobre mi ropa echaron suertes. Y así lo hicieron los soldados" (Juan 19:23, 24).

2. El manto del efod. "Harás el manto del efod todo de azul; y en medio de él por arriba habrá una abertura, la cual tendrá un borde alrededor de obra tejida, como el cuello de un coselete, para que no se rompa. Y en sus orlas harás granadas de azul, púrpura y carmesí alrededor, y entre ellas campanillas de oro alrededor. Una campanilla de oro y otra granada, en toda la orla del manto alrededor. Y estará sobre Aarón cuando ministre; y se oirá su sonido cuando él entre en el santuario delante de Jehová y cuando salga, para que no muera" (Exodo 28:31-35). El manto del efod, o sobrepelliz, era una pieza corta, toda de azul. Poseía una abertura para la cabeza y estaba bordado con granadas de color azul, púrpura y carmesí. Había también campanillas de oro entre una granada y otra. Los frutos sólo pueden provenir de una vida redimida (carmesí), santificada (fondo blanco). Estos colores corresponden

al estado del creyente conforme a Efesios 2:5, 6: "Aun estando
nosotros muertos en pecados, nos dio vida juntamente con Cristo
(por gracia sois salvos), y juntamente con él nos resucitó, y asimismo
nos hizo sentar en los lugares celestiales con Cristo Jesús." Las
campanillas de oro, que hablan de adoración o glorificación, están
acompañadas de las granadas, un tipo de fructificación. La verdadera alabanza y la verdadera adoración sólo están presentes,
sólo son genuinas, cuando hay fructificación.

3. La estola. Se describe la estola sacerdotal, también conocida
como efod, en Exodo 28:6-12: "Y harán el efod de oro, azul,
púrpura, carmesí y lino torcido, de obra primorosa. Tendrá dos
hombreras que se junten a sus dos extremos, y así se juntará. Y
su cinto de obra primorosa que estará sobre él, será de la misma
obra, parte del mismo; de oro, azul, púrpura, carmesí y lino torcido. Y tomarás dos piedras de ónice, y grabarás en ellas los nombres de los hijos de Israel; seis de sus nombres en una piedra, y
los otros seis nombres en la otra piedra, conforme al orden de
nacimiento de ellos. De obra de grabador en piedra, como gra-
baduras de sello, harás grabar las dos piedras con los nombres de
los hijos de Israel; les harás alrededor engastes de oro. Y pondrás
las dos piedras sobre las hombreras del efod, para piedras me-
moriales a los hijos de Israel; y Aarón llevará los nombres de ellos
delante de Jehová sobre sus dos hombros por memorial." Esta pieza
se dividía en dos partes, frente y espalda, unidas por dos piedras
de ónice con los nombres de las doce tribus que Aarón llevaba a
la presencia del Señor. Sobre sus hombros Jesús sostiene, con su
poder, a todo su pueblo. Nótense también los colores de esta pieza:
oro, azul y carmesí, que hablan de los aspectos del carácter de
Jesús.

4. El pectoral. "Harás asimismo el pectoral del juicio de obra
primorosa; lo harás conforme a la obra del efod, de oro, azul,
púrpura, carmesí y lino torcido. Será cuadrado y doble, de un
palmo de largo y un palmo de ancho; y lo llenarás de pedrería en
cuatro hileras de piedras; una hilera de una piedra sárdica, un
topacio y un carbunclo; la segunda hilera, una esmeralda, un zafiro
y un diamante; la tercera hilera, un jacinto, una ágata y una ama-
tista; la cuarta hilera, un berilo, un ónice y un jaspe. Todas estarán
montadas en engastes de oro. Y las piedras serán según los nombres de los hijos de Israel, doce según sus nombres; como graba-
duras de sello cada una con su nombre, serán según las doce
tribus. . . Y llevará Aarón los nombres de los hijos de Israel en el
pectoral del juicio sobre su corazón, cuando entre en el santuario,

por memorial delante de Jehová continuamente" (Exodo 28:15-21, 29).

A diferencia de la estola, donde Cristo sostiene sobre sus propios hombros a su pueblo, en el pectoral, ese mismo pueblo, ahora representado por doce piedras, está en el corazón de su Señor y Salvador. Jesús dijo: "Como el Padre me ha amado, así también yo os he amado; permaneced en mi amor" (Juan 15:9). Sabiendo que estamos en el corazón de Cristo, podemos preguntar con Pablo: "¿Quién nos separará del amor de Cristo? ¿Tribulación, o angustia, o persecución, o hambre, o desnudez, o peligro, o espada?" (Romanos 8:35). "La excelencia peculiar de una piedra preciosa consiste en que cuanto más intensa es la luz que incide sobre ella, tanto mayor es su brillo esplendoroso. La luz nunca puede oscurecer a una piedra preciosa, sólo aumenta y acrecienta

Las vestiduras sacerdotales señalaban hacia la justicia de Cristo

su brillo. Las doce tribus, tanto una como la otra, desde la mayor a la menor, eran presentadas continuamente al Señor sobre el pecho y los hombros de Aarón. Todas y cada una en particular se mantenían en la presencia divina con todo aquel perfecto resplandor de permanente hermosura, que era propio de la posición en que la gracia perfecta del Dios de Israel las había colocado. El pueblo estaba representado delante de Dios por el sumo sacerdote. Cualesquiera que fuesen sus flaquezas, sus errores o sus faltas, sus nombres resplandecían sobre el pectoral con imperecedero esplendor. . .

"¡Cuán tranquilizador es para los hijos de Dios, que son probados, tentados, afligidos y humillados, pensar que Dios los ve sobre el corazón de Jesús! Ante sus ojos ellos brillan siempre con todo el fulgor de Cristo, revestidos de toda la gracia divina. El mundo no puede verlos así, mas Dios los ve de esta manera, y en esto radica toda la diferencia. Los hombres, al juzgar a los hijos de Dios, ven solamente sus imperfecciones y defectos, porque son incapaces de ver algo más, de manera que su juicio es siempre falso y parcial. No pueden ver las brillantes joyas con los nombres de los redimidos grabados por la mano del inmutable amor de Dios" (Mackintosh, ob. cit., pp. 241, 242).

"Y pondrás en el pectoral del juicio Urim y Tumim, para que estén sobre el corazón de Aarón cuando entre delante de Jehová; y llevará siempre Aarón el juicio de los hijos de Israel sobre su corazón delante de Jehová" (Exodo 28:30). ¡Qué figura más hermosa! ¡Jesús lleva nuestro juicio sobre su corazón delante del Señor! Escuchemos una vez más a Mackintosh: "Aprendemos en varios pasajes de la Escritura que el Urim estaba relacionado con la comunicación de la mente de Dios, en cuanto a los diferentes asuntos que surgían en detalles de la historia de Israel. Así, por ejemplo, en la ocasión de la elección de Josué leemos: 'El se pondrá delante del sacerdote Eleazar, y le consultará por el juicio del Urim delante de Jehová; por el dicho de él saldrán, y por el dicho de él entrarán, él y todos los hijos de Israel con él, y toda la congregación' (Números 27:21). 'A Leví dijo: Tu Tumim y tu Urim [tus perfecciones y luces] sean para tu varón piadoso . . . enseñarán tus juicios a Jacob, y tu ley a Israel' (Deuteronomio 33:8-10). 'Y consultó Saúl a Jehová; pero Jehová no le respondió ni por sueños, ni por Urim, ni por profetas' (1 Samuel 28:6). 'Y el gobernador les dijo que no comiesen de las cosas más santas, hasta que hubiese sacerdote para consultar con Urim y Tumim' (Esdras 2:63). Vemos así que el sumo sacerdote no sólo llevaba el juicio de la congregación delante del

Señor, sino que comunicaba también el juicio del Señor a la congregación. . . ¡solemnes, importantes y preciosas funciones! Esto es lo que tenemos, con perfección divina, en nuestro 'gran sumo sacerdote . . . que traspasó los cielos' (Hebreos 4:14). El Señor Jesucristo lleva continuamente el juicio de su pueblo sobre el corazón y, por intermedio del Espíritu Santo, nos comunica el consuelo de Dios en cuanto a los detalles más insignificantes de nuestra vida diaria. No tenemos necesidad de sueños o visiones: si andamos en el espíritu, disfrutaremos de toda la certidumbre que puede conceder el perfecto 'Urim' sobre el corazón de nuestro Sumo Sacerdote" (Ob. cit. 243, 244).

5. *El cinto.* "Y su cinto de obra primorosa que estará sobre él, será de la misma obra, parte del mismo; de oro, azul, púrpura, carmesí y lino torcido. Y juntarán el pectoral por sus anillos a los dos anillos del efod con un cordón de azul, para que esté sobre el cinto del efod, y no se separe el pectoral del efod" (Exodo 28:8, 28). "Por tanto, ceñid los lomos de vuestro entendimiento, sed sobrios, y esperad por completo en la gracia que se os traerá cuando Jesucristo sea manifestado" (1 Pedro 1:13).

El cinto es símbolo de la verdad, como escribió Pablo: "Estad, pues, firmes, ceñidos vuestros lomos con la verdad, y vestidos con la coraza de justicia" (Efesios 6:14). La verdad confiere estabilidad al carácter, uniendo todas las virtudes. Por ser muy ancho y largo, el cinto controlaba los movimientos del sacerdote. La palabra de Dios impone disciplina, prudencia, y controla nuestra manera de andar y vivir: "Enseñándonos que, renunciando a la impiedad y a los deseos mundanos, vivamos en este siglo sobria, justa y piadosamente, aguardando la esperanza bienaventurada y la manifestación gloriosa de nuestro gran Dios y Salvador Jesucristo" (Tito 2:12, 13).

Las tres palabras del texto antes mencionado indican que el creyente debe vivir su vida de manera sobria, justa y piadosa. Son tres las principales fases de la carrera cristiana: sobria es la vida conforme al bien, en cuanto a nosotros mismos; justa es la vida conforme al bien, en cuanto a nuestro prójimo; y la vida piadosa es la vida conforme al bien, en cuanto a Dios. Primeramente el creyente debe resolver su propio problema, tratando de vivir conforme al bien consigo mismo. Entonces podrá vivir en paz con sus semejantes; y, finalmente, llevar una vida piadosa, viviendo en perfecta armonía con Dios.

El cinto, con el cual todo creyente debe estar ceñido, habla también de trabajo y de vigilancia. "Se levantó de la cena, y se quitó su manto, y tomando una toalla, se la ciñó. Luego puso agua en un lebrillo, y comenzó a lavar los pies de los discípulos, y a enjugarlos con la toalla con que estaba ceñido" (Juan 13:4, 5). Jesús se ciñó para servir, para trabajar. "Estén ceñidos vuestros lomos, y vuestras lámparas encendidas. Y dijo el Señor: ¿Quién es el mayordomo fiel y prudente al cual su señor pondrá sobre su casa, para que a tiempo les dé su ración? Bienaventurado aquel siervo al cual, cuando su señor venga, le halle haciendo así" (Lucas 12:35, 42, 43). Debemos estar ceñidos con el cinto de la verdad y ser vigilantes, listos para el trabajo.

6. *La mitra*. Era un turbante de lino fino, adaptado para cubrir la cabeza del sumo sacerdote. Tenía en la parte delantera una lámina de oro con la inscripción SANTIDAD A JEHOVÁ. "Harás además una lámina de oro fino, y grabarás en ella como grabadura de sello, SANTIDAD A JEHOVÁ. Y la pondrás con un cordón de azul, y estará sobre la mitra; por la parte delantera de la mitra estará. Y estará sobre la frente de Aarón, y llevará Aarón las faltas cometidas en todas las cosas santas, que los hijos de Israel hubieren consagrado en todas sus santas ofrendas; y sobre su frente estará continuamente, para que obtengan gracia delante de Jehová" (Exodo 28:36-38). El apóstol Pablo tenía en mente la mitra cuando escribe: "Y tomad el yelmo de la salvación. . ." (Efesios 6:17). La lámina de oro con las palabras SANTIDAD A JEHOVÁ enseña que sin santificación nadie verá al Señor (Hebreos 12:14).

7. *Los calzoncillos de lino*. Cubrían desde la espalda a los muslos, e indicaban que todo servicio debía ser espontáneo: "Y les harás calzoncillos de lino para cubrir su desnudez; serán desde los lomos hasta los muslos" (Exodo 28:42). "Turbantes de lino tendrán sobre sus cabezas, y calzoncillos de lino sobre sus lomos; no se ceñirán cosa que los haga sudar" (Ezequiel 44:18).

Capítulo 5

Los sacrificios

La pascua

La pascua señaló el comienzo de una nueva era para el pueblo de Dios. Sólo a partir de la redención la vida de Israel pasa a tener verdadero significado, por el hecho de andar con Dios: "Habló Jehová a Moisés y a Aarón en la tierra de Egipto, diciendo: Este mes os será principio de los meses; para vosotros será éste el primero en los meses del año" (Exodo 12:1, 2).

Jesús es nuestra pascua, tal como lo enseña el apóstol Pablo en este pasaje: "Limpiaos, pues, de la vieja levadura, para que seáis nueva masa, sin levadura como sois; porque nuestra pascua, que es Cristo, ya fue sacrificada por nosotros" (1 Corintios 5:7). De la descripción de la pascua, que aparece en Exodo 12:1-28, destaquemos algunos puntos interesantes, comparándolos con las enseñanzas del Nuevo Testamento.

1. La separación del cordero. El cordero debía ser guardado durante cuatro días: "Hablad a toda la congregación de Israel, diciendo: En el diez de este mes tómese cada uno un cordero según las familias de los padres, un cordero por familia. Y lo guardaréis hasta el día catorce de este mes, y lo inmolará toda la congregación del pueblo de Israel entre las dos tardes" (vv. 3, 6). Jesús, cumpliendo rigurosamente esta profecía tipológica, entró en Jerusalén cuatro días antes de la pascua.

2. La perfección del cordero. En el versículo cinco encontramos que el cordero tenía que ser perfecto: "El animal será sin defecto, macho de un año; lo tomaréis de las ovejas o de las cabras."

3. La suficiencia del cordero. Si el cordero era demasiado para una familia, debía ser compartido con los vecinos. "Mas si la familia fuere tan pequeña que no baste para comer el cordero, entonces él y su vecino inmediato a su casa tomarán uno según el número de las personas; conforme al comer de cada hombre, haréis la cuenta sobre el cordero" (v. 4). ¿Estamos también nosotros com-

partiendo a Cristo, el Cordero de Dios, con nuestros vecinos?
Cuando los discípulos presentaron al Señor el problema de la multitud hambrienta, sugiriéndole que la despidiera, El les dijo: "No
tienen necesidad de irse; dadles vosotros de comer" (Mateo 14:16).
El Cordero debía ser entregado por toda la congregación, esto es,
para beneficio de todo el pueblo. Jesús fue entregado por Dios
para ser el Salvador de todo él que cree en El (Juan 3:16).

El cordero debía permanecer guardado durante cuatro días

4. *La sangre del cordero.* Todo israelita debía apropiarse de la
sangre. "Y tomarán de la sangre, y la pondrán en los dos postes
y en el dintel de las casas en que lo han de comer" (v. 7). De ningún

valor es el sacrificio expiatorio del Calvario para los que no se apropian de la sangre de Jesús. La salvación es para todos, pero es necesario que cada persona se apropie de ella por medio de la sangre de Jesús. El valor de la muerte de Cristo es universal en su suficiencia, pero restringido en su eficacia.

5. *Los sufrimientos del cordero.* La pascua debía ser comida con hierbas amargas. "Y aquella noche comerán la carne asada al fuego, y panes sin levadura; con hierbas amargas lo comerán" (v. 8). Este texto habla del arrepentimiento, de la tristeza por el pecado, del recuerdo de los sufrimientos de Jesús en la cruz. La carne asada al fuego habla de sus tentaciones, de cómo fue El probado por Dios. Los panes sin levadura hablan de Jesús como el verdadero pan del cielo, sin pecado, sin mancha, sin hipocresía.

6. *El cordero asado al fuego.* Los israelitas no debían comer cruda ninguna parte del cordero. "Ninguna cosa comeréis de él cruda, ni cocida en agua, sino asada al fuego; su cabeza con sus pies y sus entrañas" (v. 9). La fe sólo tiene valor cuando pone en su lugar a Cristo crucificado, muerto y resucitado: "De manera que nosotros de aquí en adelante a nadie conocemos según la carne; y aun si a Cristo conocimos según la carne, ya no lo conocemos así" (2 Corintios 5:16). La cabeza representa la mente de Cristo y habla de los pensamientos puros: "Poned la mira en las cosas de arriba, no en las de la tierra" (Colosenses 3:2). "Porque ¿quién conoció la mente del Señor? ¿Quién le instruirá? Mas nosotros tenemos la mente de Cristo" (1 Corintios 2:16). Los pies indican la vida ejemplar y santa de Jesús, mientras que las vísceras (o entrañas) hablan de su afecto, de su amor.

7. *¿Cuándo debemos apropiarnos del Cordero?* En el versículo 10 leemos: "Ninguna cosa dejaréis de él hasta la mañana; y lo que quedare hasta la mañana, lo quemaréis en el fuego" El tiempo para que nos apropiemos de la plenitud de Cristo es esta vida presente: "Porque de su plenitud tomamos todos, y gracia sobre gracia" (Juan 1:16). "Hasta que todos lleguemos a la unidad de la fe y del conocimiento del Hijo de Dios, a un varón perfecto, a la medida de la estatura de la plenitud de Cristo" (Efesios 4:13). La expresión "hasta la mañana" habla del retorno de Cristo, de un nuevo día. ". . .como yo también la he recibido de mi Padre; y le daré la estrella de la mañana. . . Yo Jesús he enviado mi ángel para daros testimonio de estas cosas en las iglesias. Yo soy la raíz y el linaje de David, la estrella resplandeciente de la mañana" (Apocalipsis 2:27, 28; 22:16). "Lo que quedare . . . lo quemaréis en el fuego" indica que sólo se puede echar mano de la salvación en la presente dispensación de la gracia.

La primera pascua
¿Cómo comieron los israelitas la primera pascua?
1. Con los lomos ceñidos (Exodo 12:11). Hoy, los creyentes debemos celebrar nuestra "pascua" con los lomos ceñidos con la verdad, listos para partir como lo estuvieron los israelitas en Egipto: "Y lo comeréis así: ceñidos vuestros lomos, vuestro calzado en vuestros pies, y vuestro bordón en vuestra mano; y lo comeréis apresuradamente; es la Pascua de Jehová" (v. 11). "Estad, pues, firmes, ceñidos vuestros lomos con la verdad, y vestidos con la coraza de justicia" (Efesios 6:14). Y el Señor Jesús recomienda: "Estén *ceñidos* vuestros lomos, y vuestras lámparas encendidas; y vosotros sed semejantes a hombres que aguardan a que su señor regrese de las bodas, para que cuando llegue y llame, le abran en seguida" (Lucas 12:35, 36; cursivas del autor).

2. Con los pies calzados. Las sandalias en los pies hablan de la predicación del evangelio de la paz. "¡Cuán hermosos son sobre los montes los pies del que trae alegres nuevas, del que anuncia la paz, del que trae nuevas del bien, del que publica salvación, del que dice a Sion: ¡Tu Dios reina!" (Isaías 52:7). "Y calzados los pies con el apresto del evangelio de la paz" (Efesios 6:15).

3. Con el cayado en las manos. Todo creyente es extranjero y peregrino aquí en la tierra. Este es el testimonio de Jacob y el del salmista: "Menor soy que todas las misericordias y que toda la verdad que has usado para con tu siervo; pues con mi cayado pasé este Jordán, y ahora estoy sobre dos campamentos" (Génesis 32:10). "*Forastero* soy en la tierra; no encubras de mí tus mandamientos" (Salmo 119:19, cursivas del autor). Cuando envió a sus discípulos, Jesús "les mandó que no llevasen nada para el camino, sino solamente *bordón*; ni alforja, ni pan, ni dinero en el cinto" (Marcos 6:8, cursivas del autor). Tenemos, además, el testimonio del autor de la Epístola a los Hebreos: "Conforme a la fe murieron todos éstos sin haber recibido lo prometido, sino mirándolo de lejos, y creyéndolo, y saludándolo, y confesando que eran *extranjeros y peregrinos* sobre la tierra" (Hebreos 11:13, cursivas del autor). Y más adelante: "Por la fe Jacob, al morir, bendijo a cada uno de los hijos de José, y adoró apoyado sobre el extremo de su *bordón*" (Hebreos 11:21, cursivas del autor). Y, finalmente, la palabra de Pedro: "Amados, yo os ruego como a *extranjeros y peregrinos*, que

"El animal será sin defecto, macho de un año"

os abstengáis de los deseos carnales que batallan contra el alma" (1 Pedro 2:11, cursivas del autor).

Juan Bunyan habla de los peregrinos que van rumbo a la patria celestial, y que son asediados por comerciantes ávidos por vender sus productos. "Lo que más asombraba a los mercaderes, sin embargo, era el hecho de que los peregrinos hiciesen tan poco caso de las mercaderías, sin siquiera molestarse en mirarlas. Y si alguien los llamaba para que compraran, se tapaban los oídos, exclamando: 'Aparta mis ojos, para que no vean la vanidad' (Salmo 119:37). Y miraban hacia arriba, dando así a entender que sus negocios estaban en el cielo (Filipenses 3:20, 21). Uno de los de la feria, queriendo mofarse de estos hombres, les preguntó con insolencia: '¿Qué queréis comprar?' 'Compramos la verdad (Proverbios 23:23)', le respondieron ellos, encarándolo con mucha seriedad" (*O Peregrino*, Casa Publicadora das Assembléias de Deus, Lisboa, Portugal, 1981, p. 126).

4. *La protección de la sangre.* La sangre del cordero era la protección contra la esclavitud y el juicio: "Y la sangre os será por señal en las casas donde vosotros estéis; y veré la sangre y pasaré de vosotros, y no habrá en vosotros plaga de mortandad cuando hiera la tierra de Egipto". (Exodo 12:13). La sangre de Jesús nos libra de la esclavitud de Satanás y del castigo o juicio eterno. A este respecto ha escrito Mackintosh:

"Nada más era necesario, sino rociar la sangre para que disfrutaran de paz al pasar el ángel destructor, cuando la muerte debía hacer su obra en todas las casas de Egipto. 'Y de la manera que está establecido para los hombres que mueran una sola vez, y después de esto el juicio' (Hebreos 9:27). Por eso Dios, en su gran misericordia, encontró a un sustituto sin mancha para Israel, sobre quien fue ejecutada la sentencia de muerte. De esta manera, las demandas de Dios y la necesidad de Israel fueron satisfechas por un mismo requerimiento: la sangre del cordero. La sangre fuera de las puertas era prueba de que todo estaba divinamente arreglado; y que, por tanto, adentro reinaba perfecta paz. Una sombra de duda en el corazón de algún israelita habría sido una deshonra para el fundamento divino de la paz: la sangre de la expiación...

"Nótese que el israelita no descansaba sobre sus propios pensamientos, sentimientos o experiencia en cuanto a la sangre. Esto habría significado descansar sobre un fundamento débil e inseguro. Sus pensamientos podían ser profundos o superficiales; pero fuesen profundos o superficiales, éstos nada tenían que ver con el fundamento de la paz. Dios no había dicho: 'Les vendo la sangre, y si la valoran como debe ser valorada, yo pasaré de vosotros.' Esto habría bastado para llevar a cualquier israelita a la más profunda desesperación en cuanto a sí mismo, reconociendo que es imposible para el espíritu humano calcular el valor de la preciosa sangre del Cordero de Dios. Lo que le daba paz era la seguridad de que los ojos del Señor estaban puestos sobre la sangre, y que El apreciaba su valor. Esto tranquilizaba el corazón. La sangre estaba fuera de la puerta, y el israelita se encontraba dentro de la casa, de modo que no podía ver aquella sangre; pero Dios sí la veía, y eso era perfectamente suficiente.

"La aplicación de este hecho a la cuestión de la paz del pecador es bien clara. El Señor Jesucristo, al derramar su preciosa sangre en perfecta expiación por el pecado, llevó esa sangre a la presencia de Dios, e hizo allí la aspersión de ella. Y el testimonio de Dios le asegura al creyente que las cosas están resueltas a su favor. Resueltas, no por el valor que el creyente le atribuya a la sangre, sino más bien por la propia sangre en sí, que tiene un gran valor para Dios, quien, por causa de esa misma sangre, sin más ni menos, puede perdonar con justicia a todo pecador y aceptarlo como a un ser perfectamente justificado en Cristo. ¿Cómo podría alguien disfrutar de paz segura, si esta paz dependiese de su propia opinión acerca de esa sangre? ¿Sería posible? La mejor opinión que el espíritu humano pudiera tener acerca de la sangre estaría siempre por debajo del valor divino. Por tanto, si nuestra paz dependiera del valor que le atribuimos a esa sangre, jamás podríamos disfrutar de una paz segura. Lo mismo ocurriría si buscáramos esta paz por las obras de la ley (Romanos 9:32; Gálatas 3:10). El fundamento de la paz ha de ser únicamente la sangre, o jamás tendremos paz. Sumar todo el valor que le damos es derrumbar todo el edificio del cristianismo, algo exactamente igual a si condujéramos al pecador al pie del monte Sinaí y lo colocásemos debajo del pacto de la ley. O el sacrificio de Cristo es suficiente o no lo es. Si es suficiente, ¿por qué esas dudas y temores? Las palabras de nuestros labios confiesan que la obra está cumplida, pero las dudas y temores del corazón declaran que no. Todo aquel que duda de su perdón perfecto y eterno niega todo cuanto se le ha dicho acerca del cumplimiento del sacrificio de Cristo" (Ob. cit., pp. 106-108).

La ofrenda quemada

1. *Un acto triple.* Al analizar los textos de Levítico 1:1-17 y 6:8-13 vemos la ofrenda quemada como un acto triple: (a) de adoración, devoción y dedicación a Dios: "Si su ofrenda fuere holocausto vacuno, macho sin defecto lo ofrecerá; de su voluntad lo ofrecerá

a la puerta del tabernáculo de reunión delante de Jehová" (Levítico 1:3). (b) De propiciación, porque el hombre no encuentra placer en las cosas de Dios; (c) De expiación, porque Cristo la realizó vicariamente en lugar del pecador: "Y pondrá su mano sobre la cabeza del holocausto, y será aceptado para expiación suya" (Levítico 1:4).

2. *Jesús ofreció un sacrificio perfecto.* Nótense bien las palabras clave que aparecen en Hebreos 9:11-14: "Pero estando ya presente Cristo, sumo sacerdote de los bienes venideros, por el más amplio y más perfecto tabernáculo, no hecho de manos, es decir, no de esta creación, y no por sangre de machos cabríos ni de becerros, sino por su propia sangre, entró una vez para siempre en el Lugar Santísimo, habiendo obtenido eterna redención. Porque si la sangre de los toros y de los machos cabríos, y las cenizas de la becerra rociadas a los inmundos, santifican para la purificación de la carne, ¿cuánto más la sangre de Cristo, el cual mediante el Espíritu eterno se ofreció a sí mismo sin mancha a Dios, limpiará vuestras conciencias de obras muertas para que sirváis al Dios vivo? (Hebreos 9:11-14). La finalidad de la ofrenda quemada era que el pueblo fuese acepto. "Por lo cual, entrando en el mundo dice: sacrificio y ofrenda no quisiste; mas me preparaste cuerpo. Holocaustos y expiaciones por el pecado no te agradaron. Entonces dije: He aquí que vengo, oh Dios, para hacer tu voluntad, como en el rollo del libro está escrito de mí" (Hebreos 10:5-7). Era también una expiación voluntaria: "Y estando en la condición de hombre, se humilló a sí mismo, haciéndose obediente hasta la muerte, y muerte de cruz" (Filipenses 2:8). Jesucristo, como adorador, no buscaba las bendiciones para El mismo, sino para todos los hombres.

3. *La plena santidad de Cristo.* Los versículos 9 al 13 del primer capítulo de Levítico hablan de un corazón y de un caminar santos. "Y lavará las entrañas y las piernas con agua; y el sacerdote lo ofrecerá todo, y lo hará arder sobre el altar; holocausto es, ofrenda encendida de olor grato para Jehová" (v. 13). Las "vísceras" y las "patas" de la víctima, lavadas con agua, indican la santidad de Cristo en su plenitud, tanto interna como externa. Considerando que la víctima era sacrificada en lugar del oferente, era como si el propio oferente estuviera ofreciendo a Dios una vida santa en toda manera de vivir (piernas o patas) y un corazón puro (vísceras o entrañas).

4. *La suprema renunciación de Cristo.* Los bueyes y los becerros, como víctimas, son símbolo de la mansedumbre, de la paciencia, de la abnegación y de la obra de Cristo. Este símbolo señala hacia

La finalidad de la ofrenda quemada era que el pueblo fuese acepto

Isaías 52:13-15: "He aquí que mi siervo será prosperado, será engrandecido y exaltado, y será puesto muy en alto. Como se asombraron de ti muchos, de tal manera fue desfigurado de los hombres su parecer, y su hermosura más que la de los hijos de los hombres, así asombrará él a muchas naciones; los reyes cerrarán ante él la boca, porque verán lo que nunca les fue contado, y entenderán lo que jamás habían oído". El autor de la Epístola a los Hebreos muestra cómo Cristo cumplió perfectamente las profecías a este respecto: "Puestos los ojos en Jesús, el autor y consumador de la fe, el cual por el gozo puesto delante de él sufrió la cruz, menospreciando el oprobio, y se sentó a la diestra del trono de Dios. Considerad a aquel que sufrió tal contradicción de pecadores contra sí mismo, para que vuestro ánimo no se canse hasta desmayar" (Hebreos 12:2, 3).

5. *La total entrega de Cristo.* El cordero es símbolo de Cristo en su entrega voluntaria a la muerte de cruz. "Angustiado él, y afligido, no abrió su boca; como cordero fue llevado al matadero; y como oveja delante de sus trasquiladores, enmudeció, y no abrió su boca" (Isaías 53:7). El cordero, símbolo del pecador, simboliza a Jesús, quien fue contado con los transgresores, conforme a Isaías 53:12: "Por tanto, yo le daré parte con los grandes, y con los fuertes repartirá despojos; por cuanto derramó su vida hasta la muerte, y fue contado con los pecadores, habiendo él llevado el pecado de muchos, y orado por los transgresores". Lucas registra el fiel cumplimiento de este pasaje de Isaías: "Y cuando llegaron al lugar llamado de la Calavera, le crucificaron allí, y a los malhechores, uno a la derecha y otro a la izquierda" (Lucas 23:33). La entrega tenía que ser total. "Lo dividirá en sus piezas, con su cabeza y la grosura de los intestinos; y el sacerdote las acomodará sobre la leña que está sobre el fuego que habrá encima del altar; y lavará las entrañas y las piernas con agua; y el sacerdote lo ofrecerá todo, y lo hará arder sobre el altar; holocausto es, ofrenda encendida de olor grato para Jehová." Hasta el más pobre podía ofrecer a Dios sacrificio, tal como un pichón de paloma, animal mucho más fácil de ser obtenido: "Si la ofrenda para Jehová fuere holocausto de aves, presentará su ofrenda de tórtolas, o de palominos" (Levítico 1:14).

Las ofrendas de olor suave o de manjares

1. *Equilibrio y prueba.* De los textos bíblicos de Levítico 2:1-16 y 6:14-23 queremos destacar algunos versículos que revelan características significativas de este tipo de ofrenda del Antiguo Testamento, como son el equilibrio del carácter de Jesús en los elementos "flor de harina", "aceite" e "incienso" (2:1), y la prueba que El tuvo que sufrir (2:2). Jesús sufrió la tentación de la riqueza y del poder (con la posibilidad de poseer todos los reinos de este mundo); sufrió la tentación de la fama, pues las multitudes lo seguían. Los griegos también lo buscaron.

Con relación a esto último, el escritor E. Stanley Jones comenta el texto de Juan 12:20-33 (que transcribo a continuación). El comentario ha sido traducido por Mateo Hoepers:

"Había ciertos griegos entre los que habían subido a adorar en la fiesta. Estos, pues, se acercaron a Felipe, que era de Betsaida de Galilea, y le rogaron, diciendo: Señor, quisiéramos ver a Jesús. Felipe fue y se lo dijo a Andrés; entonces Andrés y Felipe se lo dijeron a Jesús. Jesús les respondió diciendo: Ha llegado la hora para que el Hijo del Hombre sea glorificado. De cierto, de cierto os digo, que si el grano de trigo no cae en la tierra y muere, queda solo; pero si muere, lleva mucho fruto. El que ama su vida la perderá; y el que aborrece su vida en este mundo, para vida eterna la guardará. Si alguno me sirve, sígame; y donde yo estuviere, allí también estará mi servidor. Si alguno me sirviere, mi Padre le honrará.

"Ahora está turbada mi alma; ¿y qué diré? ¿Padre, sálvame de esta hora? Mas para esto he llegado a esta hora. Padre, glorifica tu nombre. Entonces vino una voz del cielo: Lo he glorificado, y lo glorificaré otra vez. Y la multitud que estaba allí, y que había oído la voz, decía que había sido un trueno. Otros decían: Un ángel le ha hablado.

"Respondió Jesús y dijo: No ha venido esta voz por causa mía, sino por causa de vosotros. Ahora es el juicio de este mundo; ahora el príncipe de este mundo será echado fuera. Y yo, si fuere levantado de la tierra, a todos atraeré a mí mismo. Y decía esto dando a entender de qué muerte iba a morir."

He aquí el comentario de E. Stanley Jones:

"Es probable que hubiesen venido mensajeros para aconsejarle que abandonara a los judíos y se fuese a vivir con los griegos. Esta no es una interpretación forzada, pues la tradición dice que el príncipe de Odesa mandó una embajada a Jesús para pedirle que fuera a su corte. Los griegos probablemente vieron la tempestad que se estaba formando sobre la cabeza de Jesús; comprendieron que le acontecería una tragedia si continuaba entre los judíos: lo matarían. Es probable, entonces, que hubieran venido para invitarlo a dejarlo todo e ir a Atenas, donde la mentalidad de la gente era amplia y liberal; donde una enseñanza como la suya sería debidamente apreciada; y donde podría vivir durante mucho tiempo como un maestro admirado y respetado. ¿Por qué ir a Jerusalén donde sólo le esperaba la desgracia? Debía detenerse para ir a Atenas.

"He aquí la lucha entre Atenas y Jerusalén. Atenas, con su interés superficial y pomposo por todo, pero sin buscar la profundidad; y Jerusalén, con la cruz. ¿Qué camino debería tomar la religión, personificada en Jesús: Atenas, a fin de huir del sufrimiento, o Jerusalén para enfrentarlo? Era la batalla, no entre el bien y el mal — no había nada de malo en que fuera a Atenas — sino entre lo bueno y lo mejor: lo *bueno* era sin la cruz, y lo *mejor* con ella. Todos los sistemas, todos los hombres se alinean a uno u otro lado de este problema. O utilizarán el procedimiento de Atenas para enfrentar el dolor, sistema que trata de explicar ese dolor o alejarse de él con palabras, mediante sugestiones mentales, conceptos superficiales sobre la vida, por medio del hipnotismo, mediante subterfugios mentales y espirituales, por medio de la anestesia contra los acontecimientos, mediante los soporíferos; o tomarán el camino de Jerusalén: la actitud de dejar que llegue la tempestad, la actitud de aceptar el Calvario. . .

"Nuevamente lo escuchamos decir: '¿Y qué diré? ¿Padre, sálvame de esta hora?' ¿Pediría Jesús ser liberado; no ser obligado a pagar el sacrificio supremo? No, pero algunos de nosotros estamos pidiendo exactamente eso. Estamos pidiendo la gracia de ser salvados de esa hora. La verdad es que, a pesar de ello, llamamos a Dios 'Padre' en el momento mismo que pedimos ser eximidos de la prueba; somos religiosos, conservando aún algunas decisiones, pero haciendo la suprema negación de nosotros mismos. Pedimos ser salvos 'de esta hora' y no 'para esta hora'. Pero Jesús respondió de forma terminante: 'No. Algún propósito me ha traído para esta hora. Todos los siglos me han puesto para la batalla de esta hora. Todos los anhelos de los hombres me han traído frente a este momento. No puedo fallar ahora, pues si lo hiciera, los decepcionaría.' Es un momento sublime en la vida de un hombre, cuando éste puede decir 'No' a todos los bajos caminos, a todas las contemporizaciones, a todos los caminos fáciles, a todas las tentaciones de ir a "Atenas". Pero es su momento más grande cuando puede, escudriñando la esencia de las cosas, comprender que ha sido 'algún propósito' — algo de la providencia divina — lo que lo ha traído a ese momento; que él ahora está identificándose con una voluntad omnipotente, y que esa voluntad es sacrificialmente redentora" (Jones, E. Stanley, *Cristo e o Sofrimento humano*, Imprensa Metodista, S. Paulo, 1949, pp. 141, 142, 144).

Otras características de las ofrendas de olor suave y de los manjares son:

2. El incienso (*Levítico 2:1-2*). Este habla de la vida perfecta de Jesús, vida de santidad delante del Padre, y por eso el Padre pudo decir: "Este es mi hijo amado, en quien tengo complacencia" (Mateo 3:17). Desde su infancia "Jesús crecía en sabiduría y en estatura, y en gracia para con Dios y los hombres" (Lucas 2:52).

3. La falta de levadura. Muestra a Jesús como la verdad: "Jesús le dijo: Yo soy el camino, y la verdad, y la vida; nadie viene al Padre, sino por mí" (Juan 14:6). Recibir a Jesús como Salvador personal equivale a renunciar a la mentira y aceptar el consejo del sabio: "Compra la verdad y no la vendas" (Proverbios 23:23).

4. Cocida en aceite. Esta expresión de Levítico 2:7 muestra a Jesucristo, nacido por obra del Espíritu Santo, ya que el aceite simboliza a la persona de la Trinidad. Fue precisamente lo que el ángel del Señor le dijo a José: "José, hijo de David, no temas recibir a María tu mujer, porque lo que en ella es engendrado, del Espíritu Santo es. Y dará a luz un hijo, y llamarás su nombre JESÚS, porque él salvará a su pueblo de sus pecados" (Mateo 1:20, 21).

5. La miel (2:11). Por ser un agente de fermentación, de corrupción, la miel no podía estar presente en los sacrificios.

6. El aceite sobre la ofrenda (2:15). Representa a Cristo ungido o lleno del Espíritu Santo. "Y Jesús, después que fue bautizado, subió luego del agua; y he aquí los cielos le fueron abiertos, y vio al Espíritu de Dios que descendía como paloma, y venía sobre él" (Mateo 3:16).

7. El horno (2:4). Representa los sufrimientos invisibles de Cristo, su agonía íntima. A este respecto dice la Biblia: "Pues en cuanto él mismo padeció siendo tentado, es poderoso para socorrer a los que son tentados" (Hebreos 2:18). "Y desde la hora sexta hubo tinieblas sobre toda la tierra hasta la hora novena. Cerca de la hora novena, Jesús clamó a gran voz, diciendo: Elí, Elí ¿lama sabactani? Esto es: Dios mío, Dios mío, ¿por qué me has desamparado? (Mateo 27:45, 46).

8. La sartén (2:5). Simboliza los sufrimientos visibles de Cristo, según Mateo 27:27-31: "Entonces los soldados del gobernador llevaron a Jesús al pretorio, y reunieron alrededor de él a toda la compañía; y desnudándole, le echaron encima un manto de escarlata, y pusieron sobre su cabeza una corona tejida de espinas, y una caña en su mano derecha; e hincando la rodilla delante de él, le escarnecían, diciendo: ¡Salve, rey de los judíos! Y escupiéndole, tomaban la caña y le golpeaban en la cabeza. Después de haberle escarnecido, le quitaron el manto, le pusieron sus vestidos, y le llevaron para crucificarle."

9. La sal (2:13). Porque neutraliza la acción de los posibles residuos de la fermentación, la sal es un elemento preservador: "Porque todos serán salados con fuego, y todo sacrificio será salado con sal. Buena es la sal; mas si la sal se hace insípida, ¿con qué la sazonaréis? Tened sal en vosotros mismos; y tened paz los unos con los otros" (Marcos 9:49, 50). "Sea vuestra palabra siempre con gracia, sazonada con sal, para que sepáis cómo debéis responder a cada uno" (Colosenses 4:6).

Los sacrificios de paz

Este tipo de sacrificio aparece en Levítico 3:1-17 y también en 7:11-38. De estos versículos destacaremos algunos:

1. Cristo hizo la paz entre el hombre y su creador. "Y por medio de él reconciliar consigo todas las cosas, así las que están en la tierra como las que están en los cielos, haciendo la paz mediante la sangre de su cruz. Y a vosotros también, que erais en otro tiempo extraños y enemigos en vuestra mente, haciendo malas obras, ahora os ha reconciliado" (Colosenses 1:20, 21). Jesús también proclamó la paz, según Efesios 2:17: "Y vino y anunció las buenas nuevas de paz a vosotros que estabais lejos, y a los que estaban cerca." "Porque él es nuestra paz, que de ambos pueblos hizo uno, derribando la pared intermedia de separación" (Efesios 2:14).

2. El precio de la paz (Levítico 3:2, 3). "Pondrá su mano sobre la cabeza de su ofrenda, y la degollará a la puerta del tabernáculo de reunión; y los sacerdotes hijos de Aarón rociarán su sangre sobre el altar alrededor. Luego ofrecerá del sacrificio de paz, como ofrenda encendida a Jehová, la grosura que cubre los intestinos, y toda la grosura que está sobre las entrañas." Nuestra paz costó sangre y fuego.

3. Los resultados de la paz con Dios. Como resultado del sacrificio de paz de Cristo, tenemos entrada a la rica providencia divina: "Y la grosura la hará arder el sacerdote en el altar, mas el pecho será de Aarón y de sus hijos. Y daréis al sacerdote para ser elevada en ofrenda, la espaldilla derecha de vuestros sacrificios de paz" (Levítico 7:31, 32). El pecho indica la provisión de amor, de afecto. Una de las más bellas descripciones del amor de Jesús por sus discípulos la tenemos en Juan 13:1: "Antes de la fiesta de la pascua, sabiendo Jesús que su hora había llegado para que pasase de este mundo al Padre, como había amado a los suyos que estaban en el mundo, los amó hasta el fin." La espaldilla significa la provisión de poder para el creyente: "Y Jesús se acercó y les habló diciendo: Toda potestad me es dada en el cielo y en la tierra" (Mateo 28:18). El apóstol Pablo afirma: "Todo lo puedo en Cristo que me fortalece" (Filipenses 4:13). En nuestra comunión con el Padre nos alimentamos con el afecto y poder de Jesucristo.

4. La acción de gracias. Los sacrificios de paz pueden ser también acción de gracias: "Y esta es la ley del sacrificio de paz que se ofrecerá a Jehová: Si se ofreciere en acción de gracias, ofrecerá por sacrificio de acción de gracias tortas sin levadura amasadas con aceite, y hojaldres sin levadura untadas con aceite, y flor de harina frita en tortas amasadas con aceite" (Levítico 7:11, 12).

Los sacrificios por el pecado

1. Cristo se hizo pecado por nosotros. Los sacrificios por el pecado representan a Cristo hecho pecado por nosotros: "Al que no conoció pecado, por nosotros lo hizo pecado, para que nosotros fuésemos hechos justicia de Dios en él" (2 Corintios 5:21). En el texto de Levítico 6:24-30, que trata de ese tipo de sacrificio, percibimos que se conserva la santidad de Cristo: "Y habló Jehová a Moisés diciendo: Habla a Aarón y a sus hijos, y diles: Esta es la ley del sacrificio expiatorio: en el lugar donde se degüella el holocausto, será degollada la ofrenda por el pecado delante de Jehová; es cosa santísima. El sacerdote que la ofreciere por el pecado, la comerá; en lugar santo será comida, en el atrio del tabernáculo de reunión. Todo lo que tocare su carne, será santificado; y si salpicare su sangre sobre el vestido, lavarás aquello sobre que cayere, en lugar santo. Y la vasija de barro en que fuere cocida, será quebrada; y si fuere cocida en vasija de bronce, será fregada y lavada con agua. Todo varón de entre los sacerdotes la comerá; es cosa santísima. Mas no se comerá ninguna ofrenda de cuya sangre se metiere en el tabernáculo de reunión para hacer expiación en el santuario; al fuego será quemada."

2. Fuera del campamento. En el sacrificio por el pecado el animal tenía que morir fuera del campamento. Jesús, que se hizo pecado por nosotros, también murió fuera del campamento (Jerusalén). "Tenemos un altar, del cual no tienen derecho de comer los que sirven al tabernáculo. Porque los cuerpos de aquellos animales cuya sangre a causa del pecado es introducida en el santuario por el sumo sacerdote, son quemados fuera del campamento. Por lo cual también Jesús, para santificar al pueblo mediante su propia sangre, padeció fuera de la puerta. Salgamos, pues, llevando su vituperio" (Hebreos 13:10-13).

Debemos salir fuera del campamento, fuera del sistema religioso que niega al Señor Jesucristo como expiación. Nótese que no había suficiente santidad en el campamento. "Quien llevó él mismo nuestros pecados en su cuerpo sobre el madero, para que nosotros, estando muertos a los pecados, vivamos a la justicia; y por cuya herida fuisteis sanados" (1 Pedro 2:24). Ese sacrificio no es de olor suave.

Los sacrificios por la transgresión y la culpa

Los textos acerca de este tipo de sacrificios están en Levítico 5:1-7 y 7:17. Muestran la necesidad de confesión: "Cuando pecare en alguna de estas cosas, confesará aquello en que pecó" (Levítico 5:5).

1. El Nuevo Testamento ordena la confesión de los pecados. "Confesaos vuestras ofensas unos a otros, y orad unos por otros, para que seáis sanados. La oración eficaz del justo puede mucho" (Santiago 5:16).

2. La confesión de nuestros pecados al Padre nos garantiza su perdón. "Si confesamos nuestros pecados, él es fiel y justo para perdonar nuestros pecados, y limpiarnos de toda maldad" (1 Juan 1:9).

3. La verdadera confesión exige tristeza por el pecado. Dijo David: "Por tanto, confesaré mi maldad, y me contristaré por mi pecado" (Salmo 38:18).

4. La verdadera confesión exige humillación. "Yacemos en nuestra confusión, y nuestra afrenta nos cubre; porque pecamos contra Jehová nuestro Dios, nosotros y nuestros padres, desde nuestra juventud y hasta este día, y no hemos escuchado la voz de Jehová nuestro Dios" (Jeremías 3:25).

5. La verdadera confesión exige la petición de perdón. "Ten piedad de mí, oh Dios, conforme a tu misericordia; conforme a la multitud de tus piedades borra mis rebeliones" (Salmo 51:1).

6. La verdadera confesión de pecado exige restitución. "Aquella persona confesará el pecado que cometió, y compensará enteramente el daño, y añadirá sobre ello la quinta parte, y lo dará a aquel contra quien pecó" (Números 5:7). "Cuando una persona pecare e hiciere prevaricación contra Jehová, y negare a su prójimo lo encomendado o dejado en su mano, o bien robare o calumniare a su prójimo . . . entonces, habiendo pecado y ofendido, restituirá aquello que robó, o el daño de la calumnia, o el depósito que se le encomendó, o lo perdido que halló, o todo aquello sobre que hubiere jurado falsamente; lo restituirá por entero a aquel a quien pertenece, y añadirá a ello la quinta parte, en el día de su expiación. Y para expiación de su culpa traerá a Jehová un carnero sin defecto de los rebaños, conforme a tu estimación, y lo dará al sacerdote para la expiación. Y el sacerdote hará expiación por él delante de Jehová, y obtendrá perdón de cualquiera de todas las cosas en que suele ofender" (Levítico 6:2, 4-7). La restitución debía ser aumentada en un 20%, o en una quinta parte (v. 5). Nótese en el versículo 6 que la fe está implícita (y para expiación de su culpa . . . conforme a tu estimación). En el versículo 7 vemos entonces que Dios promete perdonar a todo aquel que cumple con estos preceptos.

7. *La verdadera confesión exige la aceptación de la corrección divina.* "Mas después de todo lo que nos ha sobrevenido a causa de nuestras malas obras, y a causa de nuestro gran pecado, ya que tú, Dios nuestro, no nos has castigado de acuerdo con nuestras iniquidades, y nos diste un remanente como este" (Esdras 9:13).

8. *La verdadera confesión exige el abandono del pecado.* "El que encubre sus pecados no prosperará; mas el que los confiesa y se aparta alcanzará misericordia" (Proverbios 28:13).

El día de la expiación

El sistema de ofrendas, que revelaba el camino a Dios por medio de los sacrificios, alcanzaba su clímax el décimo día del mes séptimo, cuando el sumo sacerdote, solo, entraba en el santuario y sacrificaba un becerro como ofrenda por el pecado y un carnero como ofrenda quemada. Después tomaba dos machos cabríos y echaba suertes sobre ellos para saber cuál de éstos debía ser sacrificado como ofrenda por el pecado. El otro, llamado *macho cabrío emisario* [o expiatorio], era enviado al desierto.

Después que el sumo sacerdote sacrificaba al becerro por sí mismo y por su casa, uno de los machos cabríos era sacrificado por los pecados del pueblo y su sangre rociada para la purificación del altar y de todo el tabernáculo. Puestas las manos sobre el macho cabrío vivo (el macho cabrío emisario [o expiatorio]), el sumo sacerdote confesaba los pecados de toda la nación y enseguida enviaba al animal al desierto como expiación por los pecados del pueblo. Mackintosh comenta el significado de esos dos machos cabríos, diciendo:

"Aquí tenemos, pues, la segunda idea asociada con la muerte de Cristo, a saber, el perdón completo y final del pueblo. Si la muerte de Cristo constituye el fundamento de la gloria de Dios, es también la base del perfecto perdón de los pecados de quienes ponen en ella su confianza. Este segundo objetivo es sólo una aplicación secundaria e inferior de la expiación, pero nuestro necio corazón es propenso a considerarlo como el aspecto más elevado de la cruz. Es un error. La gloria de Dios está en primer lugar; nuestra salvación lo está en segundo. Reivindicar la gloria de Dios era el objetivo principal y amado del corazón de Cristo. Siguió este ob-

jetivo de principio a fin, con propósito definido y fidelidad deci-
dida. 'Por eso me ama el Padre, porque yo pongo mi vida, para
volverla a tomar... Ahora es glorificado el Hijo del Hombre, y
Dios es glorificado en él. Si Dios es glorificado en él, Dios también
le glorificará en sí mismo, y en seguida le glorificará' (Juan 13:31,
32). 'Oídme, costas, y escuchad, pueblos lejanos. Jehová me llamó
desde el vientre, desde las entrañas de mi madre tuvo mi nombre
en memoria. Y puso mi boca como espada aguda, me cubrió con
la sombra de su mano; y me puso por saeta bruñida, me guardó
en su aljaba; y me dijo: Mi siervo eres, oh Israel, porque en ti me
gloriaré' (Isaías 49:1-3).

"La gloria de Dios era, por tanto, el objetivo supremo del Señor
Jesucristo en la vida y en la muerte. Vivió y murió para glorificar
el nombre de su Padre. '¿Pierde la iglesia algo con esto?' De ningún
modo. '¿E Israel?' Tampoco. 'Pero, ¿y los gentiles?' Tampoco. Su
salvación y bienaventuranza no podían estar mejor aseguradas que
siendo parte de la gloria de Dios. Escuchen la respuesta divina
dada a Cristo (el verdadero Israel) en el sublime pasaje que aca-
bamos de citar. 'Poco es para mí que tú seas mi siervo para levantar
las tribus de Jacob, y para que restaures el remanente de Israel;
también te di por luz de las naciones, para que seas mi salvación
hasta lo postrero de la tierra.'

"¿Y no hace falta que sepamos que Dios es glorificado por la
abolición de nuestros pecados? Podemos preguntar: '¿Dónde están
nuestros pecados?' Fueron arrojados. '¿Cómo?' Por el sacrificio de
Cristo en la cruz, mediante el cual Dios fue glorificado para toda
la eternidad. Así es. Los dos machos cabríos del día de la expiación
nos dan el doble aspecto de un hecho único. En uno de ellos vemos
cómo se preserva la gloria de Dios; en el otro, cómo son arrojados
los pecados. Uno es tan perfecto como el otro. Por la muerte de
Cristo, somos enteramente perdonados y Dios es perfectamente
glorificado.

" '¿Existe un solo punto en el cual Dios no fue glorificado en la
cruz?' Ni siquiera uno. Tampoco hay ni siquiera un punto en el
cual no estemos nosotros perfectamente perdonados. Digo 'nosotros' porque aunque la congregación de Israel sea el primer
objetivo en la admirable ceremonia del macho cabrío expiatorio,
aun así puede decirse sin reserva alguna que toda alma que cree
en el Señor Jesucristo está tan perfectamente perdonada como
Dios es perfectamente glorificado por el sacrificio de la cruz.
'¿Cuántos pecados de Israel llevaba el chivo expiatorio?' Todos.
¡Magnífica palabra! No quedó ninguno sin perdón. '¿Y a dónde

los llevaba?' A una tierra desierta, una tierra donde nunca podrían ser encontrados, porque no había nadie que los buscara. ¿Sería posible que hubiera un sacrificio más perfecto? ¿Sería posible lograr un cuadro más real del sacrificio consumado por Cristo bajo su aspecto principal y secundario?"

Capítulo 6

El cristiano en el atrio

La fe

1. Representada por el primer velo. "Y ahora permanecen la fe. . ." (1 Corintios 13:13). El pecador toma posesión de la primera de las tres principales virtudes del cristianismo al entrar en el atrio del tabernáculo, representativo de la inefable gracia de Dios, juntamente con todas las otras divisiones. El apóstol Pablo registra que esta entrada es por la fe: "Justificados, pues, por la fe, tenemos paz para con Dios por medio de nuestro Señor Jesucristo; por quien también tenemos entrada por la fe a esta gracia en la cual estamos firmes, y nos gloriamos en la esperanza de la gloria de Dios."

2. ¿Qué es la fe? En la Biblia se define la fe una sola vez: "Es, pues, la fe la certeza de lo que se espera, la convicción de lo que no se ve" (Hebreos 11:1). Se completa esta definición en el versículo 6: "Pero sin fe es imposible agradar a Dios; porque es necesario que el que se acerca a Dios crea que le hay, y que es galardonador de los que le buscan." Por esa fe "entendemos haber sido constituido el universo por la palabra de Dios" (v. 3), y que Dios mismo preparó una gloriosa salvación efectuada en la bendita persona de Jesucristo. Como objeto de la fe, el Hijo de Dios es la cabeza de todos los creyentes, tanto en el Antiguo como en el Nuevo Testamento.

El teólogo P. H. Menoud fundamenta en los cuatro evangelios esta brillante definición de la fe:

"Conforme al testimonio de los tres primeros evangelios, creer consiste en aceptar como verdadero el evangelio anunciado por Cristo y reconocer en Jesús al Salvador mesiánico, el cual, ayudado por la divina omnipotencia, obra teniendo como objetivo la salvación de los hombres. La fe es la confianza en Jesucristo y en la veracidad de su mensaje; el asentimiento o adhesión de todo el ser a la persona y mensaje de Cristo por haber venido estos de

Dios. Creer es aceptar que la predicación y los milagros de Jesús revelan en El al Libertador esperado (Mateo 11:4-6); es confesarlo como el Cristo (Marcos 8:29). Y creer en Jesucristo es creer en el evangelio (Marcos 1:15).

"Juan escribió su evangelio para que creyéramos que Jesús es el Cristo, el Hijo de Dios, y para que, creyendo, tengamos vida en su nombre (Juan 20:31). Creer es aceptar que Jesús es, no el hijo de José de Nazaret (1:45; 6:42) sino el Hijo enviado por el Padre al mundo, para darle vida al mundo. El pensamiento del cuarto evangelio es esencialmente el mismo, aunque Juan supera a los tres sinópticos en que destaca a Jesús como la revelación salida del Padre (8:23) para manifestarnos al Padre (1:18); el único camino que lleva al Padre (14:6); la resurrección y la vida (11:25); el dador de la vida eterna, el profeta de la resurrección del día final (6:40); el todo para los que creen en El como su único Salvador (6:68) y perseveran unidos a El (8:30, 31, y siguientes). . .

"En resumen, creer, como lo enseña el Nuevo Testamento, es aceptar como verdaderas las declaraciones de Jesús acerca de sí mismo, y el testimonio apostólico, el cual, después de la muerte y resurrección de Jesús, lo proclama como Señor y Cristo. La fe cristiana auténtica compromete al hombre entero, atándolo a Aquel que es, de ahora en adelante, su Señor, de quien recibe nueva vida. Por tanto, en todo tiempo y lugar, la fe contiene en sí misma, a la vez, una confesión de buena voluntad y una vida renovada en la obediencia a Cristo, creído y confesado" (*Vocabulario bíblico*, ASTE, Saõ Paulo, p. 113).

La pascua

1. La primera celebración. Al atravesar el primer velo, el creyente entra en su primera dimensión espiritual y celebra la pascua. Cuando Dios dice, en Exodo 23:14: "Tres veces al año me celebraréis fiesta", se está refiriendo a las tres grandes celebraciones: la pascua, el pentecostés y los tabernáculos. La primera de ellas, que señala hacia el Cordero de Dios en la cruz, corresponde al nuevo nacimiento. En Cristo somos nuevas criaturas, compradas por su preciosa sangre.

Es de la cruz que habla el gran altar del holocausto. Medía cinco codos de cada lado y tres de altura, aproximadamente 2,50 x 2,50 m por 1,50 m, y estaba confeccionado de madera de acacia cubierta de bronce. Era hueco y cóncavo por dentro, para permitir la ventilación. Poseía una rejilla, cuatro anillos de bronce para las varas de transportación, un cuerno en cada esquina, y varios otros utensilios, tales como calderos para recoger las cenizas, paletas, garfios, braseros y varas.

2. *Cristo, nuestra Pascua.* El altar de bronce, donde diariamente eran inmolados diversos tipos de animales, señalaba hacia la cruz del Calvario. La Biblia afirma: "Porque nuestra pascua, que es Cristo, ya fue sacrificada por nosotros" (1 Corintios 5:7). Cada cordero sacrificado simbolizaba a Jesús, el verdadero "Cordero de Dios, que quita el pecado del mundo". En la cruz se cumplió esta profecía mesiánica: "Atad víctimas con cuerdas a los cuernos del altar" (Salmo 118:27). Las ofrendas atadas con cuerdas y llevadas a los lados del altar significaban los sacrificios más espirituales de adoración a Dios (Salmo 50:14, 23). El Hijo de Dios, al entregarse a la muerte de cruz, sujetado por los clavos, rindió a Dios la más perfecta alabanza, en cumplimiento a la palabra del Padre dicha días antes, en ocasión de la visita de los griegos: "Ahora está turbada mi alma; ¿y qué diré? ¿Padre, sálvame de esta hora? Mas para esto he llegado a esta hora. Padre, glorifica tu nombre. Entonces vino una voz del cielo: Lo he glorificado, y lo glorificaré otra vez" (Juan 12:27, 28). La expresión "lo glorificaré otra vez" es un voto de confianza dado al Hijo por el Padre. En realidad, el Padre fue nuevamente glorificado por el Hijo cuando éste triunfó en el Calvario.

3. *El poder de la sangre.* El altar del holocausto, que simbolizaba la cruz donde murió Jesús, tenía un cuerno en cada esquina. Estos cuernos eran rociados con sangre: "Luego con su dedo el sacerdote tomará de la sangre, y la pondrá sobre los cuernos del altar del holocausto, y derramará el resto de la sangre al pie del altar". "Y lo degolló; y Moisés tomó la sangre, y puso con su dedo sobre los cuernos del altar alrededor, y purificó el altar; y echó la demás sangre al pie del altar, y lo santificó para reconciliar sobre él" (Levítico 4:30; 8:15). Esto nos dice que la sangre de Jesús fue la expiación por todos, y que esa sangre es poderosa. Los cuernos, en la Biblia, indican siempre autoridad y poder. Ya vimos en el capítulo anterior que todos los sacrificios señalaban hacia el Señor Jesús: "Y andad en amor, como también Cristo nos amó, y se entregó a sí mismo por nosotros, ofrenda y sacrificio a Dios en olor fragante" (Efesios 5:2).

Los textos ya considerados en el libro de Levítico muestran que el sacrificio de Jesús agradó al Padre. Y la Biblia dice, en el capítulo 53 de Isaías, que al Señor le agradó quebrantar a su propio Hijo por amor a nosotros. Así como Moisés derramó la sangre de la víctima al pie del altar (Levítico 4:30), Jesús derramó la sangre en el Calvario: "Por tanto, yo le daré parte con los grandes, y con los fuertes repartirá despojos; por cuanto derramó su vida hasta la muerte, y fue contado con los pecadores, habiendo él llevado el pecado de muchos y orado por los transgresores" (Isaías 53:12).

4. La remoción de las cenizas. Las cenizas eran llevadas a un lugar limpio: "Después se quitará sus vestiduras y se pondrá otras ropas, y sacará las cenizas fuera del campamento a un lugar limpio" (Levítico 6:11). Ese lugar habla del sepulcro nuevo y de la aceptación del sacrificio de Jesús: "Jehová te oiga en el día de conflicto; el nombre del Dios de Jacob te defienda. Haga memoria de todas tus ofrendas, y acepte tu holocausto" (Salmo 20:1, 3).

Conocimiento limitado

1. Conoce a Jesús como su Salvador. En el atrio el creyente conoce a Jesús como su Salvador. "Y toda lengua confiese que Jesucristo es el Señor, para gloria de Dios Padre" (Filipenses 2:11). El lector debe notar que la palabra "Jesús" citada en primer lugar en este texto, significa Salvador, conforme a Mateo 1:21: "Y dará a luz un hijo, y llamarás su nombre JESÚS, porque él salvará a su pueblo de sus pecados."

2. Conoce a Jesús como el Buen Pastor. En el atrio el creyente conoce a Jesús como el Buen Pastor. "Yo soy el buen pastor; el buen pastor su vida da por las ovejas" (Juan 10:11).

3. Está en Cristo. En el atrio el creyente está con Cristo, lo que significa su justificación por la fe. "De modo que si alguno está en Cristo, nueva criatura es; las cosas viejas pasaron; he aquí todas son hechas nuevas" (2 Corintios 5:17). "Justificados, pues, por la fe, tenemos paz para con Dios por medio de nuestro Señor Jesucristo" (Romanos 5:1).

4. Conoce al Padre como alguien que está sobre todos. En el atrio el creyente conoce al Padre como alguien que está sobre todos. "Un Dios y Padre de todos, el cual es sobre todos, y por todos, y en todos" (Efesios 4:6). El Padre es la gran fuente de unidad de la iglesia. Hay, en los versículos 3 al 6 del capítulo 4 de Efesios, siete motivos para esta unidad. La primera persona de la Trinidad, no obstante ser el Padre de todos los creyentes, se relaciona de manera diferente con cada uno de sus hijos, de acuerdo con el crecimiento espiritual de cada uno. En su primera dimensión espiritual el creyente aún no conoce plenamente a Dios (1 Corintios 15:34). Con todo, el Padre está sobre todos los creyentes por su soberanía y gracia.

Es un niño

1. El niño es débil. En la primera fase de su crecimiento el creyente es como un niño. "Os escribo a vosotros, hijitos, porque vuestros pecados os han sido perdonados por su nombre" (1 Juan 2:12). El niño está siempre fallando. En su estado de puerilidad espiritual el creyente es aún carnal y por eso genera contiendas: "De manera que yo, hermanos, no pude hablaros como a espirituales, sino como a carnales, como a niños en Cristo. Os di a beber leche, y no vianda; porque aún no erais capaces, ni sois capaces todavía, porque aún sois carnales; pues habiendo entre vosotros celos, contiendas y disensiones, ¿no sois carnales, y andáis como hombres? Porque diciendo el uno: Yo ciertamente soy de Pablo; y el otro: Yo soy de Apolos, ¿no sois carnales?" (1 Corintios 3:1-4).

2. El niño es inestable. El creyente en el atrio es inestable. "Para que ya no seamos niños fluctuantes, llevados por doquiera de todo viento de doctrina, por estratagema de hombres que para engañar emplean con astucia las artimañas del error" (Efesios 4:14). No son pocos los cristianos que se dejan engañar por los russelistas (Testigos de Jehová), sabatistas, mormones, unitarios, etc. Estos religiosos actúan especialmente entre los evangélicos. Invierten grandes fortunas en la producción y distribución de su literatura, en la cual se comentan textos aislados de la Biblia a fin de atraer a los incautos a supuestas verdades de la Palabra de Dios. En estas sectas hay toda una gama de errores doctrinales, tales como la validez actual de la ley mosaica, la muerte del alma, la negación de la Trinidad, el bautismo por los muertos, la poligamia y muchísimos otros. Es urgente, por tanto, que los "niños" en la fe reciban la amonestación del apóstol: "Desechando, pues, toda malicia, todo engaño, hipocresía, envidias, y todas las detracciones, desead, como niños recién nacidos, la leche espiritual no adulterada, para que por ella crezcáis para salvación" (1 Pedro 2:1, 2).

3. El niño carece de experiencia. Como niño, el creyente nunca sale de los rudimentos de la fe; carece de experiencia. "Porque debiendo ser ya maestros, después de tanto tiempo, tenéis necesidad de que se os vuelva a enseñar cuáles son los primeros rudimentos de las palabras de Dios; y habéis llegado a ser tales que tenéis necesidad de leche, y no de alimento sólido. Y todo aquel que participa de la leche es inexperto en la palabra de justicia, porque es niño" (Hebreos 5:12, 13). Al final de este capítulo verá el lector que la experiencia es indispensable en el desarrollo espiritual. No basta tener conocimientos acerca de Dios, de Jesucristo y del Espíritu Santo, pues nuestra mayor necesidad es la de conocer la Trinidad por experiencia propia y de vivir abundantemente la vida cristiana como una vida para ser vivida aquí en la tierra, y es esta la única vida que vale la pena vivir. Alguien ha dicho que el conocimiento de la teología cristiana sin la experiencia o la prueba, equivale a enseñar un curso sobre relaciones conyugales sin la experiencia del matrimonio. La Biblia habla del valor de la experiencia con estas palabras: "Para que sometida a prueba vuestra fe, mucho más preciosa que el oro, el cual aunque perecedero se prueba con fuego, sea hallada en alabanza, gloria y honra cuando sea manifestado Jesucristo" (1 Pedro 1:7).

4. *El niño no sabe discernir.* En el atrio, como niños en Cristo, los creyentes no saben discernir: "Pero el alimento sólido es para los que han alcanzado madurez, para los que por el uso tienen los sentidos ejercitados en el discernimiento del bien y del mal" (Hebreos 5:14). Si le mostramos a un niño, en una mano una barra de chocolate y en la otra un billete del más alto valor, y le decimos que tome una de las dos cosas, escogerá la barra de chocolate por no saber discernir. Son muchos, desgraciadamente, los que sólo buscan las bendiciones temporales y hasta hacen de su iglesia un mercado de trabajo o un lucrativo medio de negocio. Hay los que diezman, no por amor al reino de Dios, sino porque hay promesas de recompensa material para los diezmadores. Los tales no ven sino las "barras de chocolate", olvidadizos o ignorantes de que el Padre desea bendecirlos "con toda bendición espiritual en los lugares celestiales en Cristo", según "las abundantes riquezas de su gracia en su bondad para con nosotros en Cristo Jesús" (Efesios 1:3; 2:7).

5. *Los niños se enredan en las cosas de esta vida.* En el atrio el creyente está siempre enredado con las cosas de esta vida: "Por tanto, nosotros también, teniendo en derredor nuestro tan grande nube de testigos, despojémonos de todo peso y del pecado que nos asedia, y corramos con paciencia la carrera que tenemos por delante" (Hebreos 12:1). ¡Cuántos hay que, en vez de proseguir en la carrera cristiana, se ven enredados con la literatura pornográfica, los programas de televisión poco recomendables, el mal uso de la radio, o están fanáticamente preocupados por su equipo deportivo favorito!

El Espíritu Santo

La Santa Biblia es muy clara en cuanto a la obra del Espíritu Santo en el mundo, especialmente en esta presente dispensación de la gracia. Lo que anotamos aquí, en esta primera fase de nuestro avance hacia el Lugar Santísimo, son algunas de las cosas que lleva a cabo la bendita Tercera Persona de la Trinidad en nuestra vida cuando aún estamos en el atrio.

1. Conocemos por medio del Espíritu Santo. Cuando Jesús nos dice que no fuimos nosotros quienes lo escogimos a El, sino que El nos escogió primero a nosotros, está afirmando que la salvación es un don de Dios, y que el hombre, degradado en cuerpo, en

En el atrio el creyente posee al Espíritu Santo

intelecto y en espíritu, depende absolutamente de la gracia divina. David, mil años antes de Cristo, se dio cuenta, por inspiración divina, de esta verdad: "El nos hizo, y no nosotros a nosotros mismos" (Salmo 100:3).

a. Es el Espíritu Santo quien invita al pecador a venir a Cristo: "Ven. . ." (Apocalipsis 22:17).

b. Convence al hombre de pecado: "Y cuando él venga [el Espíritu Santo], convencerá al mundo de pecado, de justicia y de juicio; de pecado, por cuanto no creen en mí; de justicia, por cuanto voy al Padre, y no me veréis más; y de juicio, por cuanto el príncipe de este mundo ha sido ya juzgado" (Juan 16:8-11).

c. Es el Espíritu Santo quien produce fe en el corazón del pecador mediante la vivificación de la Palabra de Dios: "Las palabras que yo os he hablado son espíritu y son vida" (Juan 6:63). El mensaje de la Biblia, por la acción del Espíritu Santo, se convierte en un mensaje de fe: "Cerca de ti está la palabra, en tu boca y en tu corazón. Esta es la palabra de fe que predicamos" (Romanos 10:8). El apóstol Pablo, al referirse a nuestra justificación delante de Dios, afirma que esa obra no depende de méritos humanos: "Por gracia sois salvos por medio de la fe; y esto no de vosotros, pues es don de Dios" (Efesios 2:8).

d. Es el Espíritu Santo quien, como agente, nos lava mediante la aplicación de la preciosa sangre de Jesús: "Nos salvó, no por obras de justicia que nosotros hubiéramos hecho, sino por su misericordia, por el lavamiento de la regeneración y por la renovación en el Espíritu Santo" (Tito 3:5). "Mas ya habéis sido lavados, ya habéis sido justificados en el nombre del Señor Jesús, y por el Espíritu de nuestro Dios" (1 Corintios 6:11).

Cuando le permitimos al Espíritu Santo aplicar en nuestra vida la sangre de Jesús, estos son algunos de los resultados: (1) *Nos regenera.* "¿Cuánto más la sangre de Cristo, el cual mediante el Espíritu eterno se ofreció a sí mismo sin mancha a Dios, limpiará vuestras conciencias de obras muertas para que sirváis al Dios vivo?" (Hebreos 9:14). "Pero si andamos en luz, como él está en luz, tenemos comunión unos con otros, y la sangre de Jesucristo su Hijo nos limpia de todo pecado" (1 Juan 1:7). (2) *Nos santifica.* ". . .en santificación del Espíritu para obedecer y ser rociados con la sangre de Jesucristo" (1 Pedro 1:2). Para santificarnos, actúan unidos el Espíritu Santo, la sangre de Jesús y la Palabra de Dios. (Véase también Juan 17:17.) (3) *Nos justifica.* "Estando ya justificados en su sangre, por él seremos salvos de la ira" (Romanos 5:9).

2. *La obra del Espíritu Santo en nosotros.* Todo cristiano como

templo del Dios vivo, posee al Espíritu Santo en él. Jesús dijo: "Y yo rogaré al Padre, y os dará otro Consolador, para que esté con vosotros para siempre; el Espíritu de verdad, al cual el mundo no puede recibir, porque no le ve, ni le conoce; pero vosotros le conocéis, porque mora con vosotros, y estará en vosotros" (Juan 14:16, 17).

Esta es una gloriosa realidad. Comenzamos nuestra carrera cristiana teniendo en nosotros la bendita persona del Espíritu Santo. "¿Tan necios sois? ¿Habiendo comenzado por el Espíritu. . .?" (Gálatas 3:3). En el atrio del tabernáculo el cristiano tiene todavía una larga jornada frente a sí, pero *en él* está el Consolador divino, ansioso por hacer que jamás desfallezca el hijo de Dios en Jesucristo.

Vea a continuación algunos de los atributos del Espíritu Santo:

a. *Vivifica:* "Estando nosotros muertos en pecados, nos dio vida juntamente con Cristo" (Efesios 2:5).

b. *Guía:* "Tu buen espíritu me guíe a tierra de rectitud" (Salmo 143:10). "Porque todos los que son guiados por el Espíritu de Dios, éstos son hijos de Dios" (Romanos 8:14). ¿Siente usted, en lo más profundo de su ser, el toque guiador del Espíritu Santo?

c. *Sustenta:* "No quites de mí tu santo Espíritu . . . y espíritu noble me sustente" (Salmo 51:11, 12).

d. *Prevalece:* "No con ejército, ni con fuerza, sino con mi Espíritu, ha dicho Jehová de los ejércitos" (Zacarías 4:6).

e. *Da libertad:* "Donde está el Espíritu del Señor, allí hay libertad" (2 Corintios 3:17).

f. *Hace morir el pecado:* "Porque si vivís conforme a la carne, moriréis; mas si por el Espíritu hacéis morir las obras de la carne, viviréis" (Romanos 8:13).

g. *Ayuda a obedecer:* "Elegidos según la presciencia de Dios Padre en santificación del Espíritu, para obedecer y ser rociados con la sangre de Jesucristo . . . habiendo purificado vuestras almas por la obediencia a la verdad" (1 Pedro 1:2, 22).

h. *Ayuda a conservar la gracia de Dios:* "Guarda el buen depósito por el Espíritu Santo que mora en nosotros" (2 Timoteo 1:14).

i. *Da testimonio a nuestro espíritu:* "El Espíritu mismo da testimonio a nuestro espíritu de que somos hijos de Dios" (Romanos 8:16). "Y en esto sabemos que él permanece en nosotros, por el Espíritu que nos ha dado" (1 Juan 3:24).

j. *Da poder:* "Pero recibiréis poder, cuando haya venido sobre vosotros el Espíritu Santo" (Hechos 1:8).

k. *Da dones espirituales:* "Ahora bien, hay diversidad de dones, pero el Espíritu es el mismo" (1 Corintios 12:4).

l. *Da gozo:* "Porque el reino de Dios no es comida ni bebida, sino justicia, paz y gozo en el Espíritu Santo" (Romanos 14:17).

m. *Enseña:* "Mas el Consolador, el Espíritu Santo, a quien el Padre enviará en mi nombre, él os enseñará todas las cosas, y os recordará todo lo que yo os he dicho" (Juan 14:26).

n. *Da acceso al Padre:* "Porque por medio de él los unos y los otros tenemos entrada por un mismo Espíritu al Padre" (Efesios 2:18).

o. *Intercede por nosotros.* "Y de igual manera el Espíritu nos ayuda en nuestra debilidad; pues qué hemos de pedir como conviene, no lo sabemos, pero el Espíritu mismo intercede por nosotros con gemidos indecibles" (Romanos 8:26).

p. *Fortalece nuestro espíritu:* "Para que os dé, conforme a las riquezas de su gloria, el ser fortalecidos con poder en el hombre interior por su Espíritu" (Efesios 3:16).

La obra del Espíritu Santo en nosotros, aun cuando nos movemos en la dimensión de la virtud de la fe, incluye el bautismo con el Espíritu Santo y los dones espirituales. Estas bendiciones, aunque preciosísimas, no son un fin en sí mismas y no prueban que sus poseedores hayan alcanzado ya la deseable madurez cristiana. Muchos, por el solo hecho de haber recibido algunos de los dones espirituales, se creen superiores a los demás y aun al ministerio de su iglesia. Se comportan así como niños, y abandonan sus congregaciones, elevándose a sí mismos a altas dignidades eclesiásticas, tales como obispos, misioneros, apóstoles y profetas, trayendo, casi siempre, escándalo a la obra de Dios. La madurez cristiana se caracteriza más bien por el fruto del Espíritu, que por poseer o ejercer los dones espirituales. Este fruto del Espíritu es "amor, gozo, paz, paciencia, benignidad, bondad, fe, mansedumbre, templanza (Gálatas 5:22, 23)".

La luz natural

En el atrio, aunque el creyente tiene la luz de la Palabra de Dios (Salmo 119:105), corre el riesgo de dejarse guiar por la luz natural del razonamiento humano. Cuenta con las fuentes de bronce con sus aguas purificadoras, pero está deslumbrado por el sol, la luna y las estrellas. Cuando la Palabra de Dios no ocupa su debido lugar en la iglesia, los grandes proyectos de expansión del reino de Dios pueden terminar en completo fracaso, con mucha fatiga y enojo. Nuestros pensamientos no son los pensamientos de Dios, ni nuestros caminos sus caminos (Isaías 55:8). El mandato de Dios de que no nos olvidemos de su Palabra (Proverbios 3:1-3) muestra que el contenido de ella es para todos. La Biblia no es un libro lleno de misterios, sino la revelación de la voluntad divina. Por ello el lavatorio de bronce estaba siempre descubierto.

Da fruto

En el atrio el creyente es una rama que da fruto. "Todo pámpano que en mí no lleva fruto, lo quitará; y todo aquel que lleva fruto, lo limpiará, para que lleve más fruto" (Juan 15:2). Llevar fruto

En el atrio el creyente es una rama que da fruto

significa una producción de treinta por uno, conforme a las palabras de Jesús: "Pero otra parte cayó en buena tierra, y dio fruto, pues brotó y creció, y produjo a treinta, a sesenta, y a ciento por uno" (Marcos 4:8). La Biblia afirma que los justos, plantados en la casa de Jehová, "en los atrios de nuestro Dios florecerán. Aun en la vejez frutificarán; estarán vigorosos y verdes, para anunciar que Jehová mi fortaleza es recto, y que en él no hay injusticia" (Salmo 92:13-15).

El valor de la santificación

Para perseverar en el camino cristiano, el creyente necesita lavarse en el lavacro. "También hizo la fuente de bronce y su base de bronce, de los espejos de las mujeres que velaban a la puerta del tabernáculo de reunión" (Exodo 38:8). Aquella fuente, hecha de los espejos de las mujeres piadosas que velaban a la puerta del tabernáculo, significa la Palabra de Dios. Los espejos en aquella época eran de metal pulido. Jesús, hablando de su Palabra, dijo: "Ya vosotros estáis limpios por la palabra que os he hablado."

1. Lavarse es renunciar. Con el gesto de donar sus objetos de tocador las mujeres estaban renunciando al mundo y a las vanidades humanas. La Biblia dice: "No améis al mundo, ni las cosas que están en el mundo. Si alguno ama al mundo, el amor del Padre no está en él. Porque todo lo que hay en el mundo, los deseos de la carne, los deseos de los ojos, y la vanagloria de la vida, no proviene del Padre, sino del mundo. Y el mundo pasa, y sus deseos; pero el que hace la voluntad de Dios permanece para siempre" (1 Juan 2:15-17). Aquellas mujeres sacrificaban su belleza artificial, exterior, en busca de la belleza interior. Hay, en el Nuevo Testamento, dos hechos interesantes relacionados con mujeres piadosas. El primero de ellos se refiere a la que derramó sobre Jesús un vaso de precioso ungüento, provocando la murmuración de algunos y la protesta de Judas Iscariote. Jesús, por tanto, respondió: "De cierto os digo que dondequiera que se predique este evangelio, en todo el mundo, también se contará lo que ésta ha hecho, para memoria de ella" (Marcos 14:9). El otro se refiere a Ana, hija de Fanuel, quien "era viuda hacía ochenta y cuatro años; y no se apartaba del templo, sirviendo de noche y de día con ayunos y oraciones" (Lucas 2:37).

2. Cuanto mayor limpieza, tanto más fruto. Jesús dijo que el pámpano que da fruto necesita ser limpiado, para dar más fruto. El salmista, cuando buscaba una respuesta de Dios para la juventud de su tiempo, preguntó: "¿Con qué limpiará el joven su camino? Con guardar tu palabra" (Salmo 119:9).

3. *La importancia de la fuente de bronce.* Es imposible perseverar en el camino del Santo de los Santos, sin pasar por el agua, por la fuente de bronce: "Habló más Jehová a Moisés, diciendo: Harás también una fuente de bronce, con su base de bronce, para lavar; y la colocarás entre el tabernáculo de reunión y el altar, y pondrás en ella agua. Y de ella se lavarán Aarón y sus hijos las manos y los pies. Cuando entren en el tabernáculo de reunión, se lavarán con agua, para que no mueran; y cuando se acerquen al altar para ministrar, para quemar la ofrenda encendida para Jehová, se lavarán las manos y los pies para que no mueran. Y lo tendrán por estatuto perpetuo él y su descendencia por sus generaciones" (Exodo 30:17-21). La fuente de bronce con agua hablaba de santificación: "Seguid la paz con todos, y la santidad, sin la cual nadie verá al Señor" (Hebreos 12:14).

4. *La santificación es en la tierra.* El hecho de que la fuente estaba en la tierra significa que la santificación debe ser buscada aquí en la tierra: ". . .como aquel que os llamó es santo, sed también vosotros santos en toda vuestra manera de vivir" (1 Pedro 1:15). Cuando Jesús les habló a los discípulos sobre la necesidad de ser lavados, mencionó que Judas Iscariote no pasaría por la fuente de bronce, es decir, no se lavaría en el agua del lavacro: "Jesús le dijo: El que está lavado, no necesita sino lavarse los pies, pues está todo limpio; y vosotros limpios estáis, aunque no todos" (Juan 13:10). Hay tres palabras griegas en Juan 13:9,10 que merecen ser destacadas. Son estas: *loúo* que significa baño completo ("se bañó"); *nipto*, que significa lavar parte del cuerpo ("no necesita sino lavarse los pies"); y, finalmente, *katharós* ("limpios") que significa libre de mancha. El cristiano nacido de nuevo ha sido purificado del pecado.

5. *La Palabra juzga.* El agua refleja el rostro. "Pero sed hacedores de la palabra, y no tan solamente oidores olvidadizos, engañándoos a vosotros mismos. Porque si alguno es oidor de la palabra pero no hacedor de ella, éste es semejante al hombre que considera en un espejo su rostro natural. Porque él se considera a sí mismo, y se va, y luego olvida cómo era" (Santiago 1:22-24). "Esparciré sobre vosotros agua limpia, y seréis limpiados de todas vuestras inmundicias; y de todos vuestros ídolos os limpiaré" (Ezequiel 36:25). Israel, en su peregrinaje hacia Canaán, fue reprobado en Cades y pereció en el desierto. La palabra "Cades" puede ser traducida por "santidad" o "consagrado". El antiguo nombre de Cades era En-mispat (Génesis 14:7) que significa "fuente de juicio". Esta expresión señala hacia las palabras de Jesús en Juan 12:48:

94 *El tabernáculo y la iglesia*

"El que me rechaza, y no recibe mis palabras, tiene quien le juzgue; la palabra que he hablado, ella le juzgará en el día postrero."

Como castigo por no haber sido aprobado en Cades, Israel pasó cuarenta años en el desierto. Por cada día que los espías estuvieron en Canaán, los israelitas tuvieron que pasar un año en el desierto. "Y volvieron a reconocer la tierra al fin de cuarenta días. . . Y vuestros hijos andarán pastoreando en el desierto cuarenta años, y ellos llevarán vuestras rebeldías, hasta que vuestros cuerpos sean consumidos en el desierto" (Números 13:25; 14:33).

Los peldaños intermedios

El apóstol Pablo, cuando se refiere a las tres principales virtudes de la fe cristiana, coloca entre la primera (la fe) y la segunda (la esperanza) los peldaños de tribulación, paciencia y prueba, según Romanos 5:1-5.

1. La tribulación. El proceso divino de limpieza de las ramas que dan fruto — para que den más fruto — (Juan 15:1-3) no puede ser ejecutado sin sufrimiento. Jesús advirtió a sus discípulos que en el mundo tendrían tribulación, y Pablo escribió a Timoteo: "Tú, pues, sufre penalidades como buen soldado de Jesucristo" (2 Timoteo 2:3). Pablo podía decirlo así, porque él mismo había sufrido la pérdida de las cosas (Filipenses 3:8). Sufría trabajos; sufría por amor, pues el amor es sufrido (1 Corintios 13:4; 2 Timoteo 2:9, 10).

Alguien ha dicho que la aflicción es el arado con que el Dios escudriña y abre surcos en las profundidades del alma para que se produzca una cosecha más abundante. Para Séneca, el oro es probado por el fuego, y los valientes por la aflicción. Los sufrimientos de Adoniram Judson en la prisión de Birmania dejaron una demostración de fortaleza que influyó sobre centenares de personas, las cuales siguieron su valeroso ejemplo y se comprometieron con la obra misionera. María Slessor fue una de las que dieron su vida en sacrificio en la tenebrosa Africa. Si Juan Bunyan no hubiera estado en la prisión de Bedford, no tendríamos hoy *El progreso del peregrino.* El siguiente pensamiento da una buena idea de la manera como Dios, en su infinita bondad y sabiduría, provee siempre lo mejor para sus hijos: "Pidió fuerzas para poder triunfar; fue hecho débil para que pudiera obedecer. Pidió salud para poder hacer grandes cosas; le fue dada enfermedad para que pudiera hacer mejores cosas. Pidió riquezas para ser feliz; le fue dada pobreza para que fuera sabio. Pidió poder para tener la alabanza de los hombres; le fue dada debilidad para que pudiera sentir su necesidad de Dios. Pidió todas las cosas para poder disfrutar de la vida; le fue dada vida para que pudiera disfrutar de todas las cosas." Un poeta griego afirmó que los hombres buenos lloran fácilmente, y más inclinados son a llorar cuando son mejores, sobre todo cuando les viene la aflicción. Las siguientes preguntas son importantes: "¿Cómo enjugará Dios mis lágrimas en el cielo, si yo no derramé ninguna en la tierra?" "¿Cómo segaré con júbilo si no he sembrado con lágrimas?" "¿Por qué deberé vivir sin lágrimas en este valle de lágrimas, si nací con ellas y moriré con ellas?" La triste condición moral y espiritual de este mundo dan solemnidad a estas palabras de un consagrado hombre de Dios: "Perdónanos, Señor, por contemplar al mundo con ojos sin lágrimas."

¿Por qué permite Dios que sus hijos sufran tribulaciones? No es por el simple placer de ver al mármol volar en pedazos que el escultor lo talla, sino para que, bajo su cincel, nazcan formas llenas de belleza y de líneas nobles y puras, a semejanza perfecta del modelo que él trata de reproducir. El molinero, al lanzar las espigas debajo de la muela, no tiene como único propósito triturar brutalmente los granos, sino producir la harina que alimenta. El herrero, al golpear el hierro candente, no desea simplemente jugar con él, sino convertirlo en algo que sirva para dar firmeza al edificio o al puente. ¡Dios tiene un objetivo al probarnos! Si la planta se inclina ante la furia del viento, es para erguirse después y crecer con más fuerza que antes de la tempestad.

Al predicar Spurgeon, en cierta ocasión, sobre el primer mártir cristiano, un ateo le preguntó: "¿Qué hizo Dios para ayudar a Esteban, cuando lo apedreaban?" La respuesta del predicador fue que Dios hizo algo mucho mejor que llevar a su siervo a un lugar seguro, o desviar de él las piedras. Dios lo ayudó a hacer la más admirable de todas las oraciones: "Señor, no les tomes en cuenta este pecado."

A. B. Simpson escribió que todo camino importante de la vida humana tiene sus altibajos. Todo hombre tiene que atravesar el túnel de las tribulaciones antes de viajar por el camino elevado del triunfo.

2. La paciencia. Al hablar de la tribulación, el apóstol afirma que los cristianos nos gloriamos en ella, sabiendo que la tribulación produce paciencia. En realidad, es imposible obtener la virtud de la paciencia sin el sufrimiento.

La famosa paciencia de Job sólo cristalizó a través de sus profundos sufrimientos, y su libro revela esa evolución. Bien podía recordarlo Santiago: "Habéis oído de la paciencia de Job, y habéis visto el fin del Señor" (Santiago 5:11).

David, antes de escribir "Pacientemente esperé a Jehová", tuvo que soportar las crueles e injustas persecuciones instigadas por Saúl. Especialmente en los Salmos 38 y 41 describe con vivos colores sus agudísimos dolores físicos y espirituales, aumentados por el abandono y desprecio de sus amigos, y por las intrigas e intenciones hostiles de sus enemigos.

Una hermana, después de contarle a su pastor cómo se impacientaba con su esposo y sus hijos, pidió oración en su favor. Inmediatamente el ministro oró por ella, haciendo hincapié en la expresión: "Señor, envía más tribulaciones a tu sierva." Después de la oración, entre sorprendida e indignada, la señora exclamó: "Pero, pastor, ¿ha pedido usted más tribulaciones para mí?" El pastor abrió calmadamente su Biblia y leyó: "La tribulación produce paciencia."

El vocablo griego que se traduce "paciencia" en el Nuevo Testamento significa literalmente "quedar" o "permanecer debajo". Muchas veces tiene también la connotación de "soportar". De un modo general, la palabra podría ser traducida como "la capacidad de esperar". La paciencia no es otra cosa sino esperar, y muchas veces esperar sin conocer las razones de la demora. Por medio de la paciencia Dios madura y moldea nuestra vida. El quiere que seamos perfectos, o mejor expresado, maduros. Quiere que seamos completos, esto es, que nada nos falte. Así como el sol del otoño madura los frutos, la gracia de la paciencia nos convierte en una bendición para los demás.

Dos proverbios, uno chino y otro holandés, dan una idea del valor de la paciencia: "Nada está tan lleno de victorias como la paciencia." "Un puñado de paciencia vale más que un barril de talento."

3. La prueba o experiencia. El último grado de la virtud de la esperanza es el de la prueba. La Biblia afirma en Hebreos 5:13, 14 que los niños en Cristo son inexpertos y no tienen los sentidos ejercitados para discernir entre el bien y el mal. El escritor Miguel Rizzo hijo, en su *Cristianismo positivo* (Ediçoẽs Unitas, S. Paulo, s. f.), refiere algunos casos interesantes para mostrar el gran valor de la experiencia. He aquí algunos de ellos:

"El padre del general MacArthur era también general. En cierta ocasión el gobierno de su país le dio la responsabilidad de pacificar a un grupo de indios que se habían sublevado. No queriendo exterminarlos, el general llamó a un intérprete y le dio instrucciones para dialogar con los revoltosos, argumentando así: 'Las armas

3

de que disponemos son inmensamente superiores a las de ustedes. No pueden luchar contra nosotros.' Al hacer esta declaración, el viejo MacArthur mostró delante del intérprete cómo funcionaba una ametralladora, dejando bien claro que el poder destructivo de esta arma no se comparaba ni remotamente con el de las flechas. Hecho esto, el comandante pasó a describir otras armas de que disponían. Queriendo explicar lo que es un arma de guerra, utilizó como ejemplo la figura que le pareció más apropiada para que lo entendieran los indios. Se refirió a una canoa muy grande. Afirmó que esta canoa tenía varios pisos y que podía transportar a más de mil personas. El intérprete indio lo escuchaba todo. Antes de retirarse, el comandante le pidió que le dijera lo que iba a trasmitir a sus compañeros. El indio narró lo que había oído, pero no hizo ninguna referencia a la gran canoa. El comandante le preguntó, entonces, si no había escuchado esa parte. El intérprete le respondió que sí la había oído, pero que no diría nada sobre ella porque sus compañeros jamás creerían que hubiese una canoa que pudiera transportar a mil personas.

"El comandante trató de hacerle ver que, realmente, existía el arma a que se refería. Después de oírlo todo, el intérprete le dijo: '¡Eso no se lo diré porque ni yo mismo creo que haya una canoa de ese tamaño!' En verdad, existía el arma a la que MacArthur se refería, pero sus proporciones estaban de tal forma fuera de todo cuanto los indígenas conocían, que el intérprete hallaba imposible de creer lo que el general afirmaba. El principio es siempre el mismo: al hombre le cuesta creer en lo que está mucho más allá de su propia experiencia.

"Un inglés, al visitar cierta región de Africa, sostuvo una larga conversación con el jefe de una de las tribus. Le narró todo cuanto había en su país que pudiera estimular la admiración de un salvaje. Refirióle que en su país, a veces, el agua de los ríos se solidificaba de tal manera, que era posible caminar sobre ella sin hundirse. El jefe tribal mostraba con su expresión cierta incredulidad en lo que oía. 'Se pone tan dura — siguió diciendo el inglés — que hasta las carretas pueden pasar por encima de ella.' 'Disculpe — lo interrumpió el indígena —, pero no se lo creo. ¡Que el agua se ponga dura es imposible!' Existe, en verdad, la congelación de los ríos en la proporción referida por el inglés, pero eso estaba tan alejado de lo que el indígena conocía acerca de los ríos que no podía creerlo. La ley es siempre la misma. Al hombre le cuesta mucho creer en lo que está enteramente fuera de su experiencia. . .

"Cuando se comenzó a hablar de la posibilidad de navegación a vapor entre Inglaterra y América, el doctor Lardner, quien formaba parte de una organización científica, leyó un trabajo en el cual se 'probaba' que las naves nunca podrían atravesar el Atlántico por una razón que, según afirmaba, era más que evidente: el carbón que se necesitaba para la travesía era tan pesado que, al recibirlo, la nave su hundiría. A pesar de esta supuesta demostración, el mismo año la nave *Sirius* zarpó de Inglaterra e hizo el viaje hasta Nueva York en diecinueve días. Fue así como una experiencia exitosa anuló las disertaciones que parecían estar basadas en la lógica. . .

"Cuando el almirante Nelson sentía sobre sí la tremenda responsabilidad de defender la causa de su país en las batallas del Mediterráneo, se le acercó un individuo, quien le mostró una coraza, diciéndole que era impenetrable. A los soldados que la llevasen puesta no les entrarían las balas de fusil. Si el almirante adquiría una gran cantidad de ellas, estaría en condiciones de ganar grandes victorias. Nelson no vaciló un instante. Mandó que el hombre se pusiera una coraza y así cubierto se dispusiera a recibir un disparo de fusil. Si salía vivo de la prueba, le comprarían las corazas. El hombre no aceptó la condición. La prueba de la experiencia es siempre así. Revela la falsedad de las cosas, de las situaciones y de los sistemas."

Concluyo citando otro texto del mismo autor:

"Al hablar con un joven que estudiaba en Estados Unidos, en una época en que las polémicas entre fundamentalistas y liberales eran candentes y producían gran confusión en los espíritus, nos decía con gran satisfacción: 'De no haber sido por la íntima experiencia que tenía yo del poder de Dios en mi vida, habría perdido la fe al leer y oír lo que los polemistas escribían y decían. Lo que me salvó fue esa experiencia. Y no ha sido esa la única vez que la experiencia del poder de Dios ha sustentado y salvado mi fe en horas de gran confusión doctrinal.' "

Capítulo 7

El cristiano
en el Lugar Santo

La fe y la esperanza

En su recorrido hacia el Lugar Santísimo, el creyente deja atrás el altar del holocausto y la fuente de bronce, atraviesa el segundo velo y penetra en el santuario, entrando así en la segunda dimensión espiritual. "Harás para la puerta del tabernáculo una cortina de azul, púrpura, carmesí y lino torcido, obra de recamador. Y harás para la cortina cinco columnas de madera de acacia, las cuales cubrirás de oro, con sus capiteles de oro; y fundirás cinco basas de bronce para ellas" (Exodo 26:36, 37).

Este segundo velo corresponde a la segunda virtud principal del cristianismo: la esperanza. Preste atención el lector a estas palabras de 1 Corintios 13:13 y 1 Timoteo 1:1: "Y ahora permanecen la fe, la esperanza y el amor, estos tres; pero el mayor de ellos es el amor." "Pablo, apóstol de Jesucristo . . . nuestra esperanza."

La esperanza produce un corazón fuerte. "Aguarda a Jehová; esfuérzate, y aliéntese tu corazón; sí, espera a Jehová" (Salmo 27:14). Stanley Jones cuenta que "vivió y trabajó en el sur de la India uno de los misioneros más nobles, al cual, entre la infinidad de cosas que tuvo que hacer, le tocó la demolición de un leprosorio. En csa época la lepra lo alcanzó. Al principio quedó aturdido, su fe vaciló y casi naufragó. ¿Por qué Dios permitió que le aconteciera esto, en la aurora de su vida, cuando se dedicaba a una tarea para la cual era tan necesario? El misionero, sin embargo, recuperó la fe; pudo ver a través de las tinieblas. . . Aislado de los hombres, Dios le parecía más próximo. Los amigos lo visitaban en su aislamiento para, mediante su ejemplo, aprender a vivir. Porque él aprendió a vivir 'a pesar de las circunstancias'. Pero un amigo que regresó de la India sintió lástima por él, y lo demostraba por el tono de su voz. El leproso lo interrumpió: 'Usted me está lastimando, pero no debe hacerlo. Jamás he conocido una alegría más profunda en mi vida. Estas paredes están radiantes del amor de Dios.' Dios no lo curó de la lepra, pero hizo algo mejor: curó a otros por medio de él; los curó donde más se necesita la sanidad: en el espíritu" (Ob. cit. pp. 120 y 121).

Péguy dijo que la esperanza, como una luz que atraviesa la oscuridad de la noche, es una virtud para la tierra y no para el cielo, pues en el cielo nada se espera, porque todo se posee. San Agustín afirmaba que, cuando se le quita la esperanza al peregrino, éste pierde fuerzas para la marcha. Thomas Müller, cuando dice que las grandes esperanzas hacen a los grandes hombres, concuerda con la célebre frase de Guillermo Carey: "Espera grandes cosas de Dios y emprende grandes cosas para Dios."

La esperanza del creyente es muy diferente de aquella a la que se refiere Coelho Neto cuando dice que las esperanzas son como las estrellas: brillan, pero no dan luz; son bellas, pero nadie las alcanza. La experiencia cristiana enseña que el camino de la vida eterna comienza en la fe, continúa en la esperanza y termina en el amor. Para Roquete Pinto la virtud de la esperanza es el mayor bien de la tierra, porque sólo quien espera puede ser bueno, sabio y fuerte.

Como David, quien dijo: "Pacientemente esperé a Jehová, y se inclinó a mí, y oyó mi clamor", así también el creyente jamás pierde cuando espera en el Señor. Podemos hacer nuestras las palabras de Federico el Grande: "¡El tiempo en que vivo está repleto de tribulaciones, pero mi esperanza está en el Señor!"

Los fundamentos de la esperanza cristiana

Motivo de regocijo para todos los justificados por la fe, la esperanza del creyente es la consumación futura de la obra de Dios iniciada por la conversión, la cual incluye la resurrección del cuerpo, la herencia con los santos, la vida eterna, y la gloria y visión de Dios.

Antes depositada únicamente en Israel, esta segunda virtud principal del cristianismo se convirtió en una "mejor esperanza" con la Nueva Alianza (Hebreos 7:19) por el hecho de incluir a los gentiles y estar basada, no en las obras, sino en la abundante gracia divina. Así, en la actual dispensación de la iglesia, esta "mejor esperanza" es ofrecida a todos mediante la obra realizada por Cristo como la posteridad de Abraham (Génesis 22:17, 18; Gálatas 3:16), en quien han sido bendecidas todas las familias de la tierra.

Colocada entre las virtudes de la fe y el amor, la esperanza se apoya en la primera y se nutre de la segunda. Teniendo por fundamento al propio Dios, la esperanza no puede defraudar o confundir, por cuanto Dios mismo nos regeneró para ella según sus muchas misericordias, y por su poder y verdad mantiene firmes sus fieles promesas señaladas en las Escrituras. Esta "mejor esperanza", constantemente vivificada, iluminada y fortificada por el

En el Lugar Santo el creyente celebra la fiesta de Pentecostés

Espíritu Santo (Romanos 15:3; Gálatas 5:5; Efesios 1:17) es fuente permanente de seguridad, consuelo y alegría. Lejos de dejarse abatir por los sufrimientos, ella los soporta con perseverancia tal que triunfa sobre ellos y sale probada y fortalecida (Romanos 5:4; 2 Corintios 1:7).

Pascua y pentecostés

En el Lugar Santo o santuario, el creyente celebra la segunda de las tres grandes fiestas: la de pentecostés. Dice la Biblia: "Y contaréis desde el día que sigue al día de reposo, desde el día en que ofrecisteis la gavilla de la ofrenda mecida; siete semanas cumplidas serán. Hasta el día siguiente del séptimo día de reposo contaréis cincuenta días; entonces ofreceréis el nuevo grano a Jehová. De vuestras habitaciones traeréis dos panes para ofrenda mecida, que serán de dos décimas de flor de harina, cocidos con levadura, como primicias para Jehová. Y ofreceréis con el pan siete corderos de un año, sin defecto, un becerro de la vacada, y dos carneros; serán holocausto a Jehová, con su ofrenda y sus libaciones, ofrenda encendida de olor grato para Jehová. Ofreceréis además un macho cabrío por expiación, y dos corderos de un año en sacrificio de ofrenda de paz. Y el sacerdote los presentará como ofrenda mecida delante de Jehová, con el pan de las primicias y los dos corderos; serán cosa sagrada a Jehová para el sacerdote. Y convocaréis en este mismo día santa convocación; ningún trabajo de siervos haréis; estatuto perpetuo en dondequiera que habitéis por vuestras generaciones" (Levítico 23:15-21).

Los siete corderos representan una entrega perfecta, total y voluntaria; el becerro es símbolo de la mansedumbre y del servicio, y los dos carneros significan una mayor convicción del sacrificio substitutivo de Cristo en la cruz del Calvario.

A partir del Nuevo Testamento, pentecostés pasó a significar unción, poder y capacitación. Jesús fue ungido con poder para el desempeño de su misión, conforme lo anunció el profeta: "El Espíritu de Jehová el Señor está sobre mí, porque me ungió Jehová; me ha enviado a predicar buenas nuevas a los abatidos, a vendar a los quebrantados de corazón, a publicar libertad a los cautivos, y a los presos apertura de la cárcel; a proclamar el año de la buena voluntad de Jehová, y el día de venganza del Dios nuestro; a consolar a todos los enlutados" (Isaías 61:1, 2). Al concluir su obra, Jesús advierte y promete a sus discípulos: "He aquí, yo enviaré la promesa de mi Padre sobre vosotros; pero quedaos vosotros en la ciudad de Jerusalén, hasta que seáis investidos de poder desde lo alto" (Lucas 24:49). "Pero recibiréis poder, cuando haya venido sobre vosotros el Espíritu Santo, y me seréis testigos en Jerusalén, en toda Judea, en Samaria, y hasta lo último de la tierra" (Hechos 1:8).

Se conoce esa celebración en el Antiguo Testamento como la fiesta de las Primicias, o de las primeras cosechas. Por eso, en Jerusalén, en el día de Pentecostés, al responder a la predicación de Pedro, hubo la primera cosecha de almas para Cristo cuando se convirtieron 3.000 personas.

Conocimiento ampliado

1. Cristo, el capacitador. En el Lugar Santo el creyente conoce a Jesús como Salvador y como el Cristo. "Y toda lengua confiese que Jesucristo es el Señor, para gloria de Dios Padre" (Filipenses 2:11). La palabra "Cristo", que proviene del griego, corresponde a "Mesías" en hebreo, y significa *ungido* en castellano. Esta palabra muestra que Jesús no es sólo el Salvador, sino también el que da poder. Es quien capacita al creyente. Por eso el hijo de Dios en el Lugar Santo ejerce ministerios espirituales. "Y hay diversidad de ministerios, pero el Señor es el mismo" (1 Corintios 12:5). De acuerdo con este texto los dones para el ministerio son dados por Jesucristo, mientras que los dones espirituales lo son por el Espíritu Santo.

Aunque todo creyente ejerza alguna función en la iglesia, de la misma manera que cada miembro en el cuerpo, hay algunos ministerios fundamentales que se destacan, como son los mencionados en Efesios 4:11 y 12: "Y él mismo [Jesús] constituyó a unos, apóstoles; a otros, profetas; a otros, evangelistas; a otros, pastores y maestros, a fin de perfeccionar a los santos para la obra del ministerio, para la edificación del cuerpo de Cristo." Estos ministerios son la mano de Dios operando en la iglesia. El de apóstol corresponde al pulgar, por su íntima y fácil relación con todos los demás dedos. El de profeta corresponde al índice. El evangelista puede estar representado por el dedo del corazón (del medio): el más grande de la mano, pues sobresale entre los demás. ¿Quién no conoce, por los menos, a uno de los grandes evangelistas del pasado o del presente? El pastor está representado por el anular, o dedo del matrimonio, pues él está casado con la iglesia local. Finalmente, al maestro le corresponde el meñique, el dedo más pequeño de la mano, el preferido para quitar las pequeñas molestias, principalmente en el oído.

El hecho de que estos cinco dones ministeriales le hayan sido dados a la iglesia para su edificación es bastante significativo en el estudio del simbolismo del tabernáculo. La tienda de la congregación permanecía en pie gracias a las 5 barras que mantenían unidas sus 48 tablas en las 3 paredes (al sur, al norte y al oeste) y a las 5 columnas al este, que sostenían al segundo velo. La larga barra de en medio (Exodo 26:28) simboliza el primero de todos los dones ministeriales: el apostolado. "Y a unos puso Dios en la iglesia, primeramente apóstoles. . ." (1 Corintios 12:28).

2. Conoce a Cristo como el gran Pastor. En el Lugar Santo el creyente conoce a Jesús como el gran pastor: "Y el Dios de paz que resucitó de los muertos a nuestro Señor Jesucristo, el gran pastor de las ovejas, por la sangre del pacto eterno" (Hebreos 13:20). Mientras que en el atrio el creyente veía a Jesús como el Buen Pastor, en el Lugar Santo ve al Hijo de Dios como el gran Pastor.

3. Conoce mejor al Padre. En el Lugar Santo el creyente tiene a la persona del Padre *por,* a favor de él. Note esta preposición en Efesios 4:6: "Un Dios y Padre de todos, el cual es sobre todos, y *por* todos y en todos" (cursivas del autor). Dios es, primeramente, sobre todos; después, *por,* a favor de todos.

4. Posee al Espíritu Santo y al Hijo. En el Lugar Santo el creyente posee al Espíritu Santo y a Jesús. "En aquel día conoceréis que yo estoy en mi Padre, y vosotros en mí, y yo en vosotros" (Juan 14:20). "Hijitos míos, por quienes vuelvo a sufrir dolores de parto, hasta que Cristo sea formado en vosotros" (Gálatas 4:19). Aquí el creyente se relaciona con la colina del Gólgota, donde Jesús derramó su sangre, simbolizada por el vino.

Es joven

En el santuario el creyente es espiritualmente joven. "Os escribo a vosotros, jóvenes, porque habéis vencido al maligno" (1 Juan 2:13). Como joven, el creyente es fuerte, triunfador y posee la segunda virtud del cristianismo: la esperanza, la cual produce en él un corazón fuerte.

Se cuenta que alguien le dijo a Emerson:

— Maestro, dicen que el mundo se va a acabar.

— No te preocupes — respondió él —; podemos arreglárnosla sin él.

Si nuestro mundo interior es fuerte, nada nos puede amedrentar, "aunque la tierra sea removida, y se traspasen los montes al corazón del mar; aunque bramen y se turben sus aguas y tiemblen los montes a causa de su braveza" (Salmo 46:2, 3).

En su mensaje a los jóvenes, el apóstol Juan afirma: "La palabra de Dios permanece en vosotros". Por guardar en el corazón la Palabra de Dios, el cristiano no peca y aun recibe todo lo que pide: "Si permanecéis en mí, y mis palabras permanecen en vosotros, pedid todo lo que queréis, y os será hecho" (Juan 15:7).

Jorge Müller, uno de los hombres que más han estudiado la Palabra de Dios, viajaba en cierta ocasión a Quebec, Canadá, donde lo esperaban para que impartiese unos estudios bíblicos. Pero, encontrándose en alta mar, una fuerte niebla obligó al capitán a reducir considerablemente la velocidad del barco para evitar un choque contra algún arrecife o contra alguna otra embarcación. Müller, comprendiendo que el retraso le impediría llegar a tiempo a su destino, buscó al capitán y le dijo: "Si usted no tiene solución para esta niebla, yo sí la tengo." Convinieron, entonces, en orar juntos y se arrodillaron. Pero antes de iniciar la oración Müller tocó al capitán por la espalda y le dijo: "No ore, hermano, porque usted no tiene la certeza de recibir respuesta."

Y Müller enseguida hizo una sencilla oración, como la de un niño, pidiendo a Dios que quitase la niebla y diera buen tiempo a fin de que le permitiera ministrar la Palabra de Dios en el día y hora señalados. Al terminar la oración, y aún arrodillado, dijo al capitán: "Mire por la ventana."

El capitán se levantó, miró a través de la ventana y vio cómo la espesa niebla desaparecía rápidamente. Y el barco llegó a Quebec a tiempo para que aquel hombre de Dios pudiera cumplir con su bendito ministerio.

¿Cuál era el secreto de la oración exitosa de Müller? Dejemos que él mismo nos lo revele:

"En mis primeros tres años de convertido me descuidé bastante en el estudio de la Palabra de Dios. Pero después que comencé a estudiarla con diligencia he recibido bendiciones maravillosas. Ya he leído la Biblia cien veces y cada vez siento mayor placer en su lectura. El día que no doy suficiente tiempo a la lectura y meditación de la Biblia, lo considero un día perdido. He oído decir a algunos de mis amigos: 'Tengo tanto que hacer, tantas personas me solicitan, que no puedo apartar tiempo para estudiar la Biblia.'

"Quizás no hay muchas personas que tengan más cosas que hacer que yo. Hace más de cincuenta años que no recuerdo un solo día en el que no tuviese más trabajo por realizar que el que lograba llevar a cabo. En estos últimos cuarenta años he recibido un promedio anual de 30.000 cartas, y casi todas ellas pasan por mis manos. Tengo nueve ayudantes siempre ocupados con correspondencia en alemán, francés, inglés, danés, ruso y otros idiomas. Además de esto, tengo la gran tarea de una iglesia de 1.200 miembros. Tengo a mi cargo, también, cinco grandes orfanatos. Y, en mi casa editora, la publicación y distribución de millones de tratados, libros y Biblias. Sin embargo, he adoptado como regla infalible jamás comenzar a trabajar sin haber estado un buen espacio de tiempo con Dios. El vigor de nuestra vida espiritual estará siempre en proporción directa con el lugar que le demos a la Palabra de Dios en nuestra vida y en nuestros pensamientos."

Este conocido hombre de Dios, que pasó a la historia como uno de los que más confiaron en el poder de la oración y en el valor del estudio de la Santa Biblia, nos ha dejado muchas historias interesantes y verídicas de cómo el Señor responde a la oración cuando son cumplidas las condiciones dadas por Jesús a sus discípulos: "Si permanecéis en mí, y mis palabras permanecen en vosotros. . ."

El valor de la Palabra de Dios, como moldeadora de la nueva vida en Cristo, jamás podrá ser exagerado. Todos los avivamientos del pasado tuvieron su inspiración básica y dinámica en la Biblia, pues ella es la fuente del mensaje de la iglesia. Y este mensaje es: solamente en Cristo Jesús hay salvación perfecta para un mundo perdido y grandemente necesitado.

A la luz de la Palabra y del Espíritu Santo

En el santuario el creyente está iluminado por la Palabra de Dios y por la luz espiritual del candelero: "De manera que nosotros de aquí en adelante a nadie conocemos según la carne; y aun si a Cristo conocimos según la carne, ya no lo conocemos así" (2 Corintios 5:16). Hay aquí un progreso notable. Mientras que en el atrio el cristiano sufre una tremenda influencia de luz natural, muy abundante, aquí su visión está dirigida a la luz espiritual del candelero.

¿Por qué ocurren tantos fracasos humanos en la extensión del reino de Dios? La respuesta es que el hombre, aunque regenerado, no comprende todavía que, a causa de la caída, no sólo tiene su cuerpo y su espíritu degradados, sino también su entendimiento. La Palabra de Dios advierte: "Fíate de Jehová de todo tu corazón, y no te apoyes en tu propia prudencia" (Proverbios 3:5).

El profeta Jeremías se refiere a nuestro razonamiento cuando dice que "engañoso es el corazón más que todas las cosas" (17:9). Por esto Pablo afirma: "Porque aunque andamos en la carne, no militamos según la carne; porque las armas de nuestra milicia no son carnales, sino poderosas en Dios para la destrucción de fortalezas, derribando argumentos y toda altivez que se levanta contra el conocimiento de Dios, y llevando cautivo todo pensamiento a la obediencia a Cristo" (2 Corintios 10:3-5).

Un obrero transcultural de Estados Unidos, enviado como misionero a América del Sur, se dio cuenta, después de un largo período de mucho trabajo y poco fruto, de que su mensaje tenía demasiado razonamiento y poca revelación. Su sencilla conclusión fue que su denominación, que tenía más del 40% de todos sus misioneros evangélicos en América Latina y sólo el 5% de los creyentes, estaba enseñando más humanismo que cristianismo. Al poner demasiado énfasis en la cultura, en detrimento de la acción del Espíritu Santo, terminaron siendo más iluminados por la luz natural que por la sobrenatural. La característica de los cristianos que se encuentran aún en el atrio es que tienen mucha lógica humana y poco fruto.

Está claro que el creyente no busca el auxilio de su entendimiento natural, sino que se somete al Espíritu Santo. Cuando entrega su vida al Señor, el cristiano incluye en esa entrega su intelecto, su manera de ver las cosas, y su cosmovisión. Esto no es fácil. Su entendimiento "engañoso . . . más que todas las cosas, y perverso" se resiste a someterse a la dirección del Espíritu Santo, y se establece una batalla: "Porque el deseo de la carne es contra el Espíritu, y el del Espíritu es contra la carne; y éstos se oponen entre sí" (Gálatas 5:17). Con todo, alcanza la victoria el cristiano que deja de apoyarse en su propio razonamiento y permite que el Espíritu, que mora en él, renueve su mente y lo transforme en un hombre de entendimiento espiritual, poseedor de la mente de Cristo, y que juzga bien todas las cosas (1 Corintios 2:15, 16).

Cuando nuestro entendimiento está sometido a Cristo, entonces nuestro culto espiritual sigue esta orden: "Oraré con el espíritu, pero oraré también con el entendimiento; cantaré con el espíritu, pero cantaré también con el entendimiento" (1 Corintios 14:15). Véase también Romanos 12:1, 2; 1 Pedro 2:2.

La finalidad del candelero está descrita en Exodo 25:37: "Y le harás siete lamparillas, las cuales encenderás para que alumbren hacia adelante." Los seis brazos laterales (tres de cada lado) simbolizan la comunión de los salvados con Jesús, formando con El siete brazos. Jesús es el tronco, la vida, y nosotros los brazos. Así como el candelero era de oro martillado, tanto en su caña central como en las laterales, nosotros también somos martillados. El propio Cristo lo advirtió: "Acordaos de la palabra que yo os he dicho:

El siervo no es mayor que su señor. Si a mí me han perseguido, también a vosotros os perseguirán; si han guardado mi palabra, también guardarán la vuestra" (Juan 15:20).

En el santuario el creyente también conoce a Jesús como la Verdad, y "verdad" equivale a luz. Por eso dijo Jesús: "Yo soy el camino, y la verdad, y la vida; nadie viene al Padre, sino por mí" (Juan 14:6). En la parábola de la moneda perdida tenemos un ejemplo de Jesús como la verdad.

En el santuario el creyente no sólo arregla y limpia la mecha para que el candelero brille cada vez con mayor intensidad, sino que él mismo continúa siendo purificado en un proceso ininterrumpido. La obra de santificación iniciada por Dios en la fuente de bronce jamás será terminada en la tierra. El sacerdote tenía que utilizar una despabiladera y un apagador para lograr que todas las lámparas alumbraran normalmente, sin problemas. Para ello tenía que estirar hacia afuera la mecha y limpiarla o cortarla, para quitarle el carbón. Los medios utilizados por Dios para hacer que nuestra luz brille son dolorosos pero necesarios. Para que nuestra luz resplandezca delante de los hombres, es necesario que el aceite del Espíritu Santo fluya libremente a través de nosotros: "Así alumbre vuestra luz delante de los hombres, para que vean vuestras buenas obras, y glorifiquen a vuestro Padre que está en los cielos."

Fruto y más fruto

En el santuario el creyente da más fruto. ". . .y todo aquel que lleva fruto, lo limpiará para que lleve más fruto" (Juan 15:2). Note que el pámpano que da fruto pasa a dar más fruto después de haber sido limpiado. Si en el atrio damos treinta por uno, en el santuario pasamos a dar sesenta por uno (Marcos 4:8).

En el Lugar Santo o santuario el creyente se alimenta de panes sin levadura: "Pondrás también sobre cada hilera incienso puro, y será para el pan como perfume, ofrenda encendida a Jehová. Cada día de reposo lo pondrá continuamente en orden delante de Jehová, en nombre de los hijos de Israel, como pacto perpetuo. Y será de Aarón y de sus hijos, los cuales lo comerán en lugar santo; porque es cosa muy santa para él, de las ofrendas encendidas a Jehová, por derecho perpetuo" (Levítico 24:7-9). Aquellos doce panes, cada uno preparado sin levadura y con aproximadamente ocho litros de flor de harina, eran colocados sobre la mesa apropiada cada sábado. Enseguida el sacerdote derramaba sobre ellos el incienso puro, volviéndolos santos. Cada sábado los sacerdotes

En el Calvario abolió Cristo, una vez por todas, los sacrificios

se reunían en el Lugar Santo y los comían. Era su alimento como tipo de Cristo, el Pan de Vida.

El creyente, al ministrar como sacerdote en el Lugar Santo, necesita alimentarse con los panes sin levadura, que también representan la plenitud del pueblo de Dios delante de su Redentor y Señor. Endurecidos por el tiempo y por la falta de levadura, y también amargos por el incienso derramado sobre ellos, estos panes bien pueden simbolizar a ciertos creyentes débiles, que tienen que ser "tragados", a pesar de lo duro y amargos que son. Pero, así como los sacerdotes, somos jóvenes, fuertes, y debemos soportar a los más débiles. Pablo nos advierte en Romanos 15:1, 2: "Así que, los que somos fuertes debemos soportar las flaquezas de los débiles, y no agradarnos a nosotros mismos. Cada uno de nosotros agrade a su prójimo en lo que es bueno, para edificación."

Justificación, santificación y glorificación

1. El valor de la adoración. Para perseverar en su jornada en dirección al Lugar Santísimo, el creyente necesitaba de la alabanza y de la adoración. El altar del incienso quedaba junto al tercer velo, que corresponde al segundo velo de la tienda de la congregación. El sumo sacerdote no podía entrar al Lugar Santísimo sin un incensario portátil, en el cual ardía el incienso sagrado.

2. La verdadera adoración. La Biblia dice que el Padre busca adoradores que lo adoren en espíritu y en verdad: "Mas la hora viene, y ahora es, cuando los verdaderos adoradores adorarán al Padre en espíritu y en verdad; porque también el Padre tales adoradores busca que le adoren. Dios es Espíritu; y los que le adoran, en espíritu y en verdad es necesario que adoren" (Juan 4:23, 24).

3. El altar del incienso. Era el medio de vinculación con el Lugar Santísimo: "Tras el segundo velo estaba la parte del tabernáculo llamada el Lugar Santísimo, el cual tenía un incensario de oro y el arca del pacto cubierta de oro por todas partes, en la que estaba una urna de oro que contenía el maná, la vara de Aarón que reverdeció, y las tablas del pacto" (Hebreos 9:3, 4). "Cubrió, pues, de oro toda la casa de arriba abajo, y asimismo cubrió de oro todo el altar que estaba frente al lugar santísimo" (1 Reyes 6:22). "Y lo pondrás delante del velo que está junto al arca del testimonio, delante del propiciatorio que está sobre el testimonio, donde me encontraré contigo" (Exodo 30:6).

La Biblia describe así el altar del incienso: "Hizo también el altar del incienso, de madera de acacia; de un codo su longitud, y de otro codo su anchura; era cuadrado, y su altura de dos codos; y sus cuernos de la misma pieza. Y lo cubrió de oro puro, su cubierta y sus paredes alrededor, y sus cuernos, y le hizo una cornisa de oro alrededor. Le hizo también dos anillos de oro debajo de la cornisa en las dos esquinas a los dos lados, para meter por ellos las varas con que había de ser conducido" (Exodo 37:25-27).

4. El poder de la alabanza. El altar de oro tenía un cuerno en cada una de sus cuatro esquinas, simbolizando que hay gran poder en la alabanza, conforme lo ilustra la propia Biblia: "Y cuando comenzaron a entonar cantos de alabanza, Jehová puso contra los hijos de Amón, de Moab y del monte de Seir, las emboscadas de ellos mismos que venían contra Judá, y se mataron los unos a los otros" (2 Crónicas 20:22).

5. La restauración del tabernáculo de David. Dios prometió levantar el tabernáculo de David, y esto significa que la alabanza y la adoración serían restauradas: "En aquel día yo levantaré el tabernáculo caído de David, y cerraré sus portillos y levantaré sus ruinas, y lo edificaré como en el tiempo pasado" (Amós 9:11). "Después de esto volveré y reedificaré el tabernáculo de David, que está caído; y repararé sus ruinas, y lo volveré a levantar, para que el resto de los hombres busque al Señor, y todos los gentiles, sobre los cuales es invocado mi nombre" (Hechos 15:16, 17). En el siglo dieciséis, con la Reforma Protestante, fue restaurada la verdad acerca del sacerdocio universal de los creyentes, lo que señala hacia el altar del holocausto. Dos siglos más tarde surge Wesley con el metodismo, restaurando para la Iglesia cristiana la doctrina de la santificación, simbolizada por la fuente de bronce. Más tarde, a fines del siglo pasado y comienzos del presente, tuvimos la restauración de la doctrina pentecostal representada por el candelero. Más recientemente, la Iglesia, en sus más diversas denominaciones, ha comenzado a experimentar una intensa renovación espiritual y una consecuente comunión fraternal más profunda. No me estoy refiriendo a ningún movimiento ecuménico, sino al movimiento del Espíritu Santo. Por esta razón las iglesias pentecostales dan la bienvenida a muchos hermanos procedentes de denominaciones donde se rechaza el poder y la operación del Espíritu Santo. La comunión fraternal entre hermanos llenos del Espíritu Santo habla de la restauración de la mesa del tabernáculo y de la feliz reunión de los sacerdotes en el Lugar Santo para alimentarse con los panes de la proposición.

En nuestros días, como resultado del más reciente despertamiento espiritual, estamos presenciando la restauración de la tienda de David. Preocupado por el arca del pacto, el rey y poeta de Israel construyó una tienda en Jerusalén e introdujo en ella el arca. Después estableció en ella cantores y preparó músicos para adorar al Creador. El hecho de que Dios prometiera levantar el tabernáculo de David, y no el de Moisés, revela su interés en restaurar la adoración y la alabanza, que sólo a El pertenecen.

6. El incienso. La preparación del incienso nos da lecciones importantes para nuestra vida de adoración, de oración y de acción de gracias. El texto bíblico de Exodo 30:34-37 dice: "Dijo además

Jehová a Moisés: Toma especias aromáticas, estacte y uña aromática y gálbano aromático e incienso puro; de todo en igual peso, y harás de ello el incienso, un perfume según el arte del perfumador, bien mezclado, puro y santo. Y molerás parte de él en polvo fino, y lo pondrás delante del testimonio en el tabernáculo de reunión, donde yo me mostraré a ti. Os será cosa santísima. Como este incienso que harás, no os haréis otro según su composición; te será cosa sagrada para Jehová."

El estacte (o estoraque, aceite muy oloroso) era obtenido espontáneamente de un arbusto del mismo nombre, sin hacerle ningún corte. Nuestra alabanza y adoración deben ser espontáneas. Dios lo exige así a sus sacerdotes: "Ellos entrarán en mi santuario, y se acercarán a mi mesa para servirme, y guardarán mis ordenanzas. Y cuando entren por las puertas del atrio interior, se vestirán vestiduras de lino; no llevarán sobre ellos cosa de lana, cuando ministren en las puertas del atrio interior y dentro de la casa. Turbantes de lino tendrán sobre sus cabezas, y calzoncillos de lino sobre sus lomos; no se ceñirán cosa que los haga sudar" (Ezequiel 44:16-18). El lector debe notar la expresión "que los haga sudar".

Otro elemento en la composición del incienso es la uña aromática, o ámbar, que la Biblia de Jerusalén traduce como "clavel", y que se extrae de un molusco marino. Este componente nos enseña que nuestra oración o alabanza debe surgir de las profundidades del alma, como en el caso de Ana (1 Samuel 1:9-18) y en el del salmista: "De lo profundo, oh Jehová, a ti clamo" (Salmo 130:1).

El tercer elemento es el gálbano, un arbusto del desierto. Sus hojas deben ser trituradas y molidas para extraerle el perfume. La adoración debe brotar de un corazón contrito y humillado: "Los sacrificios de Dios son el espíritu quebrantado; al corazón contrito y humillado no despreciarás tú, oh Dios" (Salmo 51:17). Stanley Jones cuenta la experiencia de un escritor muy apreciado que oró pidiendo que terminaran sus muchos sufrimientos. Un amigo, al oír las palabras de su oración, puso su mano sobre el hombro del escritor y le dijo: "Si esta oración fuera respondida, sería el fin de tu estilo."

Ese amigo tenía razón. El mismo autor narra otro episodio ocurrido en la India: Un coro evangélico constituido únicamente por personas leprosas, al cantar en iglesias de aquel país, llevó a muchos a las lágrimas, a la salvación y al despertamiento espiritual por el hecho de que sus integrantes arrancaban su alabanza de un corazón contrito, humillado y molido, como las hojas del gálbano. Y Dios recibía aquella alabanza.

Pablo y Silas, como cuerdas de instrumento musical afinadas por las clavijas del sufrimiento, oraban y cantaban himnos en la cárcel de Filipos. Tan alto subían sus alabanzas, que Dios envió una nota baja — un terremoto — naciendo de allí quizás la primera iglesia en Europa, una iglesia fuerte y colaboradora en la extensión del evangelio de Cristo.

Capítulo 8

El cristiano en el Lugar Santísimo

La fe, la esperanza y el amor

Al atravesar el tercer velo — el amor —, que simboliza la principal de todas las virtudes, el creyente entra en el Lugar Santísimo. Esta tercera división del tabernáculo corresponde a la tercera y principal dimensión de nuestro desarrollo espiritual. El velo que separa el Lugar Santo del Lugar Santísimo simboliza al cuerpo de Cristo desgarrado en el madero de la cruz. Por esta razón escribió el autor de la Epístola a los Hebreos: "Así que, hermanos, teniendo libertad para entrar en el Lugar Santísimo por la sangre de Jesucristo, por el camino nuevo y vivo que él nos abrió a través del velo, esto es, de su carne, y teniendo un gran sacerdote sobre la casa de Dios, acerquémonos con corazón sincero, en plena certidumbre de fe, purificados los corazones de mala conciencia, y lavados los cuerpos con agua pura" (Hebreos 10:19-22). El lector debe darse cuenta de que para tener acceso al Lugar Santísimo es necesario pasar antes por el gran altar del holocausto (ser purificado de mala conciencia) y por la fuente de bronce (tener el cuerpo lavado con agua limpia).

De acuerdo con autoridades en asuntos judíos, ni siquiera un par de bueyes podían rasgar el velo del templo de Herodes, que estaba hecho de un material resistente y tenía cerca de diez centímetros de espesor. A un hombre le era imposible rasgarlo, mucho menos de arriba abajo. ¡Sólo Dios podía hacerlo! Este acto de Dios está profetizado en el Salmo 118, versículos 23 y 24: "De parte de Jehová es esto, y es cosa maravillosa a nuestros ojos. Este es el día que hizo Jehová; nos gozaremos y alegraremos en él." El día de gracia fue hecho por el Señor cuando rasgó el velo, después de la consumación de la obra redentora de Cristo en el Calvario.

El apóstol Pablo, después de considerar la persona del Espíritu

Santo y de decir que los dones espirituales son repartidos por la Tercera Persona de la Trinidad, y aun después de referirse a Jesucristo como aquel que otorga los dones espirituales, habla del Padre con estas palabras: "Y hay diversidad de operaciones, pero Dios, que hace todas las cosas en todos, es el mismo" (1 Corintios 12:6). La intervención de Dios se lleva a cabo por medio del amor descrito en el capítulo 13 de la misma epístola, que constituye uno de los más bellos textos de las Sagradas Escrituras. En resumen, tenemos en ese capítulo un retrato del verdadero amor:

1. El amor es sufrido, benigno y no tiene envidia (vv. 4, 7). En el Antiguo Testamento tenemos el ejemplo de Moisés en Números 11:27-29; 12:2, 3: "Y corrió un joven y dio aviso a Moisés, y dijo: Eldad y Medad profetizan en el campamento. Entonces respondió Josué hijo de Nun, ayudante de Moisés, uno de sus jóvenes, y dijo: Señor mío Moisés, impídelos. Y Moisés le respondió: ¿Tienes tú celos por mí? Ojalá todo el pueblo de Jehová fuese profeta, y que Jehová pusiera su espíritu sobre ellos." "Y dijeron: ¿Solamente por Moisés ha hablado Jehová? ¿No ha hablado también por nosotros? Y lo oyó Jehová. Y aquel varón Moisés era muy manso, más que todos los hombres que había sobre la tierra." Estos textos muestran la profunda humildad de Moisés y la ausencia de envidia en su corazón. Hasta estuvo dispuesto a ser borrado del libro divino por amor a su pueblo: "Entonces volvió Moisés a Jehová, y dijo: Te ruego, pues este pueblo ha cometido un gran pecado, porque se hicieron dioses de oro, que perdones ahora su pecado, y si no, ráeme ahora de tu libro que has escrito" (Exodo 32:31, 32).

2. El amor no es jactancioso ni se envanece (v. 4) sino afable (v. 5). El que ama no comenta maliciosamente las faltas de los demás, no bromea con el glorioso nombre de Jesús, ni usa el soberano nombre de Dios en vano. El verdadero respeto y afabilidad penetra todas las esferas de nuestra vida.

3. El amor es altruista (v. 5). Quien ama no defiende sus derechos. Los egoístas, según el apóstol, "buscan lo suyo propio, no lo que es de Cristo Jesús" (Filipenses 2:21). Pablo da el ejemplo: "Y ciertamente, aun estimo todas las cosas como pérdida por la excelencia del conocimiento de Cristo Jesús, mi Señor, por amor del cual lo he perdido todo, y lo tengo por basura, para ganar a Cristo" (3:8).

4. El amor no se irrita (v.5). El que ama no se irrita, no se deja dominar por la ira, "porque la ira del hombre no obra la justicia de Dios" (Santiago 1:20)

5. El amor no piensa mal. No se acuerda de las ofensas, no

En el Lugar Santísimo el creyente celebra la fiesta de los Tabernáculos

alimenta malos pensamientos, no desconfía. Aun cuando sufra algunas decepciones, cree que todavía vale la pena confiar en los demás, con prudencia, pero sin simplicidad. En cuanto a las ofensas, debemos seguir el ejemplo de Jesús: "Puestos los ojos en Jesús, el autor y consumador de la fe, el cual por el gozo puesto delante de él sufrió la cruz, menospreciando el oprobio, y se sentó a la diestra del trono de Dios" (Hebreos 12:2).

6. El que ama no habla mal de otros, ni tampoco le gusta oír hablar mal de otros. David no se alegró por la desgracia de su enemigo Saúl, sino que prorrumpió en un lamento sincero: "¡Ha perecido la gloria de Israel sobre tus alturas! ¡Cómo han caído los valientes! No lo anunciéis en Gat, ni deis las nuevas en las plazas de Ascalón; para que no se alegren las hijas de los filisteos, para que no salten de gozo las hijas de los incircuncios" (2 Samuel 1:19, 20).

Pascua, Pentecostés y Tabernáculos

En el Lugar Santísimo el creyente celebra la tercera gran fiesta: la de los Tabernáculos. "Habla a los hijos de Israel y diles: A los quince días de este mes séptimo será la fiesta solemne de los tabernáculos a Jehová por siete días" (Levítico 23:34). "La fiesta solemne de los tabernáculos harás por siete días, cuando hayas hecho la cosecha de tu era y de tu lagar" (Deuteronomio 16:13). "Y esto tendréis por estatuto perpetuo: En el mes séptimo, a los diez días del mes, afligiréis vuestras almas, y ninguna obra haréis, ni el natural ni el extranjero que mora entre vosotros. Porque en este día se hará expiación por vosotros, y seréis limpios de todos vuestros pecados delante de Jehová. Día de reposo es para vosotros, y afligiréis vuestras almas; es estatuto perpetuo. Hará la expiación el sacerdote que fuere ungido y consagrado para ser sacerdote en lugar de su padre; y se vestirá las vestiduras de lino, las vestiduras sagradas. Y hará la expiación por el santuario santo, y el tabernáculo de reunión; también hará expiación por el altar, por los sacerdotes y por todo el pueblo de la congregación. Y esto tendréis como estatuto perpetuo, para hacer expiación una vez al año por todos los pecados de Israel" (Levítico 16:29-34). En cuanto a los animales sacrificados, ver también Números 29:12-39.

Esta gran fiesta de los judíos se realizaba del 15 al 21 de Tisri, el séptimo mes del calendario religioso de Israel. En esta fiesta eran sacrificados setenta becerros (lo que corresponde a **7 x 10,** significando con ello la plenitud del trabajo y de la fructificación). También eran sacrificados noventa y ocho corderos (2 x 7 x 7, plena visión de la obra de Cristo y de nuestros repugnantes pecados). Morían, además, siete machos cabríos, simbolizando así la muerte completa, por el poder de Dios, del viejo Adán, pues el macho cabrío simboliza al pecador, como se muestra en Mateo 25:33: "Y pondrá las ovejas a su derecha, y los cabritos a su izquierda." El apóstol Pablo menciona la muerte del viejo hombre, en su poderoso testimonio: "Con Cristo estoy juntamente crucificado, y ya no vivo yo, mas vive Cristo en mí; y lo que ahora vivo en la carne, lo vivo en la fe del Hijo de Dios, el cual me amó y se entregó a sí mismo por mí" (Gálatas 2:20).

El arca y sus enseres

En el Lugar Santísimo el creyente está frente al arca del pacto, en el cual están los objetos colocados por orden divina. Como en el capítulo "Los objetos del tabernáculo" ya describimos pormenorizadamente los objeto del arca y el significado de cada uno de ellos, añadiremos apenas lo siguiente:

1. *Las tablas de la ley.* Estas representan la buena, agradable y perfecta voluntad de Dios que el creyente tiene en su corazón. Por eso puede hacer suyas las palabras del Salmo 40:8, ya mencionadas en el Capítulo 2 de esta obra.

2. *La vara de Aarón.* El arca contenía también la vara de Aarón que reverdeció, y esto señala no sólo a la resurrección de Cristo sino también a la vida de triunfo del creyente, vida que produce flores y frutos por el poder de Dios. "Y aconteció que el día siguiente vino Moisés al tabernáculo del testimonio; y he aquí que la vara de Aarón de la casa de Leví había reverdecido, y echado flores, y arrojado renuevos, y producido almendras" (Números 17:8). El florecimiento y la fructificación del ministerio confirman el llamado y la aprobación divina.

3. *El maná.* También en el Lugar Santísimo tiene el creyente delante de sí al maná, o pan del cielo. Este simboliza a Jesús como el verdadero pan que descendió del cielo (Juan 6:30-35) y muestra cómo Israel estaba bajo la absoluta dependencia divina: "Seis días lo recogeréis; mas el séptimo día es día de reposo; en él no se hallará. Y aconteció que algunos del pueblo salieron en el séptimo día a recoger, y no hallaron" (Exodo 16:26, 27). Las dudas, la curiosidad y la desobediencia continúan dirigiendo a quienes no han aprendido a ser guiados por Dios.

El propiciatorio

La Biblia describe así el propiciatorio: "Y harás un propiciatorio de oro fino, cuya longitud será de dos codos y medio, y su anchura de codo y medio. Harás también dos querubines de oro; labrados a martillo los harás en los dos extremos del propiciatorio. Harás, pues, un querubín en un extremo, y un querubín en el otro extremo; de una pieza con el propiciatorio harás los querubines en sus dos extremos. Y los querubines extenderán por encima las alas, cubriendo con sus alas el propiciatorio; sus rostros el uno enfrente del otro, mirando al propiciatorio los rostros de los querubines. Y pondrás el propiciatorio encima del arca, y en el arca pondrás el testimonio que yo te daré. Y de allí me declararé a ti, y hablaré contigo de sobre el propiciatorio, de entre los dos querubines que están sobre el arca del testimonio, todo lo que yo te mandare para los hijos de Israel" (Exodo 25:17-22).

1. *El propiciatorio representa a Cristo.* "A quien Dios puso como propiciación por medio de la fe en su sangre, para manifestar su justicia, a causa de haber pasado por alto, en su paciencia, los pecados pasados" (Romanos 3:25). "Tras el segundo velo estaba la parte del tabernáculo llamada el Lugar Santísimo, el cual tenía un incensario de oro y el arca del pacto cubierta de oro por todas partes, en la que estaba una urna de oro que contenía el maná, la vara de Aarón que reverdeció, y las tablas del pacto; y sobre ella los querubines de gloria que cubrían el propiciatorio" (Hebreos 9:3-5).

2. *Dios aparecía sobre él en una nube.* "Y Jehová dijo a Moisés: Di a Aarón tu hermano, que no en todo tiempo entre en el santuario detrás del velo, delante del propiciatorio que está sobre el arca, para que no muera; porque yo apareceré en la nube sobre el propiciatorio" (Levítico 16:2).

3. *Dios habitaba sobre él.* "Oh Pastor de Israel, escucha; tú que pastoreas como a ovejas a José, que estás entre querubines, resplandece" (Salmo 80:1).

4. *Dios hablaba desde encima de él.* "Y de allí me declararé a ti, y hablaré contigo de sobre el propiciatorio, de entre los dos querubines que están sobre el arca del testimonio, todo lo que yo te mandare para los hijos de Israel" (Exodo 25:22). "Y cuando entraba Moisés en el tabernáculo de reunión, para hablar con Dios, oía la voz que le hablaba de encima del propiciatorio que estaba sobre el arca del testimonio, de entre los dos querubines; y hablaba con él" (Números 7:89).

5. *El propiciatorio estaba cubierto por una nube de incienso durante el día de la expiación.* "Y pondrá el perfume sobre el fuego delante de Jehová, y la nube del perfume cubrirá el propiciatorio que está sobre el testimonio, para que no muera" (Levítico 16:13).

6. *Era rociado con sangre.* "Tomará luego de la sangre del becerro, y la rociará con su dedo hacia el propiciatorio al lado oriental; hacia el propiciatorio esparcirá con su dedo siete veces de aquella sangre. Después degollará el macho cabrío en expiación por el pecado del pueblo, y llevará la sangre detrás del velo adentro, y hará de la sangre como hizo con la sangre del becerro, y la

esparcirá sobre el propiciatorio y delante del propiciatorio" (Levítico 16:14, 15).

7. *Representa al trono de la gracia.* "Acerquémonos, pues, confiadamente, al trono de la gracia, para alcanzar misericordia y hallar gracia para el oportuno socorro" (Hebreos 4:16).

8. *Sobre él los querubines manifestaban la gloria de Dios.* "Y la gloria del Dios de Israel se elevó de encima del querubín, sobre el cual había estado, al umbral de la casa; y llamó Jehová al varón vestido de lino, que tenía a su cintura el tintero de escribano" (Ezequiel 9:3).

Jesús: Salvador, Cristo y Señor

En el Lugar Santísimo el creyente recibe a Jesús como Señor de toda su vida. "Y toda lengua confiese que Jesucristo es el Señor, para gloria de Dios Padre" (Filipenses 2:11). En la etapa anterior de aprendizaje conoció a Jesús como su Salvador, después como su Cristo, pero ahora se somete a su pleno señorío. En los tiempos del Imperio Romano era común que las personas se saludaran públicamente con un enfático "¡César es el Señor!". Por eso, cuando se dirigían a un cristiano auténtico, éste respondía valerosamente: "¡No! ¡Cristo es el Señor!" Este fue uno de los puntos conflictivos entre el imperio y el cristianismo, pues por causa de ello los creyentes eran acusados de irrespetuosos ante las autoridades imperiales y de ser desobedientes a ellas.

En las revueltas de los vegetarianos de China fueron cruelmente asesinadas dos misioneras, hijas de una viuda de Australia. Cuando la noticia de las muertes llegó a la madre, ésta respondió que, no teniendo otras hijas que dar, ella misma iría. Así, a los sesenta años de edad, vendió todo lo que tenía, fue al lugar donde las hijas habían sido asesinadas, aprendió el idioma, fundó una escuela, dedicó veinte años al servicio, murió a la edad de ochenta y dos años, y fue enterrada al lado de sus hijas en Foochow. Las tres no sólo habían sido salvas, sino además salvadas para servir con alegría a su Señor.

El doctor J. Wilbur Chapman le dijo en cierta ocasión al General Booth, fundador del Ejército de Salvación:

— Dígame, ¿cuál ha sido el secreto de su gran éxito?

— Hasta donde sé — respondió Booth —, Dios tiene todo cuanto debe tener de mí. Han existido hombres con inteligencia superior a la mía, con mayores oportunidades que yo; pero desde el día en que tuve una visión de lo que Dios podía hacer con la pobre y vieja ciudad de Londres, tomé la decisión de que Dios tendría todo lo que hubiera de William Booth.

El doctor Chapman aprendió de esta declaración que la grandeza del poder de un hombre está en la medida de su entrega. El General Booth había ofrecido su vida como un sacrificio vivo, y el mundo pudo ver el resultado.

Cuando Henry M. Stanley dio con el paradero de Livingstone, el gran misionero que pasó treinta años en Africa, y que había estado perdido para el mundo por más de dos años, insistió en que volviera a su casa en Inglaterra, en su compañía, pero Livingstone se negó. Dos años más tarde escribiría éste en su diario: "Día 19 de marzo, mi cumpleaños. Mi Jesús, mi rey, mi vida, mi todo. Nuevamente dedico todo mi ser a ti. Acepta y concédeme, oh Padre de gracia, que antes de que termine el año pueda yo acabar con mi trabajo. Esto pido en el nombre de Jesús, Amén." Un año más tarde Livingstone fue encontrado muerto. . . de rodillas.

El conocido pastor chino Hsi había sido un pobre esclavo del opio antes de su conversión, mas, al ver por la fe el poderoso y amoroso Cristo de Dios, exclamó: "¡El me subyugó!" Hsi había recibido a Jesús, no solamente como su Salvador, sino además como Señor absoluto de su vida. Por eso su ministerio continúa inspirando a las nuevas generaciones de obreros. Solamente somos verdaderos ciudadanos del cielo cuando nos sometemos por completo al señorío de Cristo, dándole total autoridad sobre todo lo que somos o poseemos.

¡Ya no más niño ni joven, sino padre!

Cuando el creyente no es ya más un niño ni un joven, sino un adulto o padre, su conocimiento es ampliado. Lo conoce ahora como el Supremo Pastor de las ovejas: "Y cuando aparezca el Príncipe de los pastores, vosotros recibiréis la corona incorruptible de gloria" (1 Pedro 5:4).

A los padres Juan les escribe: "Os escribo a vosotros, padres, porque conocéis al que es desde el principio. . .Os he escrito a vosotros, padres, porque habéis conocido al que es desde el principio" (1 Juan 2:13, 14). El apóstol del amor, por la forma repetitiva como se dirige a los padres, enfatiza la importancia del conocimiento de Dios. Pablo afirma que no todos los creyentes conocen a Dios: "Velad debidamente, y no pequéis; porque algunos no conocen a Dios; para vergüenza vuestra lo digo" (1 Corintios 15:34). Oseas nos invita a continuar tras el conocimiento de Dios:

"Y conoceremos, y proseguiremos en conocer a Jehová; como el alba está dispuesta su salida, y vendrá a nosotros como la lluvia, como la lluvia tardía y temprana a la tierra" (Oseas 6:3).

La Biblia dice que el conocimiento de Dios resplandece en nosotros: "Porque Dios, que mandó que de las tinieblas resplandeciese la luz, es el que resplandeció en nuestros corazones, para iluminación del conocimiento de la gloria de Dios en la faz de Jesucristo" (2 Corintios 4:6); y menciona los resultados del conocimiento en Colosenses 1:9, 10: "Por lo cual también nosotros, desde el día que lo oímos, no cesamos de orar por vosotros, y de pedir que seáis llenos del conocimiento de su voluntad en toda sabiduría e inteligencia espiritual, para que andéis como es digno del Señor, agradándole en todo, llevando fruto en toda buena obra, y creciendo en el conocimiento de Dios" (Colosenses 1:9, 10). En el Lugar Santísimo el creyente anda dignamente delante del Señor, agrada al Señor en todo y da fruto en toda buena obra.

Con la expresión "padres", Juan describe al cristiano que ha alcanzado plena madurez espiritual:

1. _El padre procrea hijos._ Juan Hyde, como un verdadero padre espiritual, supo llevar a Cristo a millares de pecadores. En 1908 oró insistentemente por 1 alma cada día, y al finalizar aquel año cosechó más de 400. En 1909 pidió 2 almas por día, y cosechó 800. En 1910 clamó por 4 almas por día, ¡y obtuvo una cosecha aun mayor! En todo su bendecido ministerio Hyde llevó a Cristo, directa o indirectamente, a 100.000 personas. Como Pablo, podía decir a sus millares de hijos en la fe: ". . .en Cristo Jesús yo os engendré por medio del evangelio" (1 Corintios 4:15).

2. _El padre posee autoridad._ El libro de los Hechos muestra la autoridad de Pedro: "No tengo plata ni oro, pero lo que tengo te doy; en el nombre de Jesucristo de Nazaret, levántate y anda" (Hechos 3:6). Vemos esta misma autoridad en el caso de Ananías y Safira (Hechos 5:1-11). Pablo, en la ocasión del incidente con Elimas, ejerció su autoridad espiritual y el procónsul Sergio Paulo creyó, maravillado, viendo lo que le había sucedido al pervertidor de los rectos caminos del Señor (Hechos 13:6-12).

José, al asumir el importante cargo de gobernador de Egipto, recibió de Faraón el símbolo de su autoridad, el anillo: "Entonces Faraón quitó su anillo de su mano, y lo puso en la mano de José. . ." (Génesis 41:42). El hijo arrepentido, después de haber sido vestido, recibió también un anillo en su dedo (Lucas 15:22).

3. _El padre toma posesión del evangelio._ Como alguien que es idóneo, el padre toma posesión de la herencia del evangelio. Observe estas expresiones de Pablo: "Porque nuestro evangelio. . ." (1 Tesalonicenses 1:5). "Acuérdate de Jesucristo, del linaje de David, resucitado de los muertos conforme a mi evangelio" (2 Timoteo 2:8).

4. El padre provee los alimentos. Jesús dijo a sus discípulos: "Dadles vosotros de comer" (Mateo 14:16). A los padres, como "servidores de Cristo, y administradores de los misterios de Dios" Pedro escribió: "Cada uno según el don que ha recibido, minístrelo a los otros, como buenos administradores de la multiforme gracia de Dios" (1 Pedro 4:10).

Posee al Espíritu Santo, a Jesús y al Padre

En el Lugar Santísimo el creyente posee al Espíritu Santo, a Jesús y al Padre. "Respondió Jesús y le dijo: El que me ama, mi palabra guardará; y mi Padre le amará, y vendremos a él, y haremos morada con él" (Juan 14:23). "Un Dios y Padre de todos, el cual es *sobre* todos, y *por* todos, y *en* todos" (Efesios 4:6, cursivas del autor). En el mismo orden en que aparecen las personas de la Trinidad en Juan 14:17, 20 y 23, aparecen también en Efesios 3:16-19: "Para que os dé, conforme a las riquezas de su gloria, el ser fortalecidos con poder en el hombre interior por su *Espíritu*; para que habite *Cristo* por la fe en vuestros corazones, a fin de que, arraigados y cimentados en amor, seáis plenamente capaces de comprender con todos los santos cuál sea la anchura, la longitud, la profundidad y la altura, y de conocer el amor de Cristo, que excede a todo conocimiento, para que seáis llenos de toda la plenitud de *Dios* (cursivas del autor)."

Es siervo, amigo y hermano del Señor

En el Lugar Santísimo el creyente goza de íntima y amorosa comunión con los hermanos. Jesús trató a sus discípulos primeramente de siervos, después de amigos, y finalmente de hermanos. Estas tres fases de relación del creyente con Jesús aparecen en Juan 15:15 y 20:17: "Ya no os llamaré siervos, porque el siervo no sabe lo que hace su Señor; pero os he llamado amigos, porque todas las cosas que oí de mi Padre, os las he dado a conocer. . . Jesús le dijo: No me toques, porque aún no he subido a mi Padre; mas ve a mis hermanos, y diles: Subo a mi Padre y a vuestro Padre, a mi Dios y a vuestro Dios."

El siervo sólo recibe y ejecuta órdenes, por obligación. El amigo sirve por amor y sabe de los planes y razones de su Señor, pero el hermano goza de privilegios aun mayores. A los amigos Dios siempre revela lo que va a realizar, como en el caso de Abraham.

"Y Jehová dijo: ¿Encubriré yo a Abraham lo que voy a hacer, habiendo de ser Abraham una nación grande y fuerte, y habiendo de ser benditas en él todas las naciones de la tierra? (Génesis 18:17-18). "La comunión íntima de Jehová es con los que le temen, y a ellos hará conocer su pacto" (Salmo 25:14). Pablo escribió: "Salvo que el Espíritu Santo por todas las ciudades me da testimonio, diciendo que me esperan prisiones y tribulaciones" (Hechos 20:23).

Quien se convierte en amigo de Dios y hermano de Jesús no tiene sorpresas desagradables, pues entre ellos hay diálogo franco y amoroso. "Y hablaba Jehová a Moisés cara a cara, como habla cualquiera a su compañero" (Exodo 33:11). Jesús dijo de Juan el Bautista: "El que tiene la esposa, es el esposo; mas el amigo del esposo, que está a su lado y le oye, se goza grandemente de la voz del esposo; así pues, este mi gozo está cumplido" (Juan 3:29).

¿Cuáles son las características de los "hermanos" en la Biblia? Deben amar (Juan 13:34; 15:12; Romanos 12:10, etc.); vivir en armonía (Génesis 13:8; Salmo 133; 1 Corintios 6:7); perdonar (Génesis 50:17; Mateo 18:21); visitar (Hechos 15:36); ser abnegados (1 Corintios 8); restaurar a los desviados (Gálatas 6:1); amonestar (1 Tesalonicenses 3:15). Jesús demostró todas estas virtudes con relación a los discípulos, "por lo cual no se avergüenza de llamarlos hermanos" (Hebreos 2:11).

Mucho se ha dicho y escrito recientemente sobre los diversos niveles de la fe. Pastores tales como Schuller y Yonggi Cho no sólo se han referido a ciertos niveles de la fe como tremendas posibilidades, sino que también lo han demostrado en su labor ministerial.

El primero construyó la Catedral de Cristal en Garden Grove, California, a un costo superior a los 18.000.000 de dólares. Se trata de un magnífico templo, semejante a una gigantesca piedra preciosa, bien tallada, constituida por más de 10.000 placas de cristal, con una estructura de más de 20.000 toneladas de concreto. Su órgano posee más de 13.000 tubos. Las actividades del doctor Schuller alcanzan gran parte del mundo, principalmente por medio de la literatura y de la televisión.

El segundo pastor, autor del libro *La cuarta dimensión,* es el líder de la más grande iglesia evangélica local del mundo, en Corea del Sur, con aproximadamente 500.000 miembros. Cuando entrevisté al doctor Cho en 1983, pude percibir en su persona sencilla y humilde una fe igualmente sencilla y humilde, puesta sin embargo en las infinitas posibilidades divinas.

En el estudio de la tipología del tabernáculo, hay dos niveles de fe en el atrio. Allí encontramos la fe salvadora que posee todo cristiano, como la primera de las tres virtudes del cristianismo, y la fe como un don del Espíritu Santo (1 Corintios 12:9). Como don, esa fe no siempre depende de la madurez cristiana para manifestarse. El autor mismo, cuando era nuevo convertido, fue curado instantáneamente mediante la oración de un joven igualmente nuevo en la fe que poseía ese don.

En el Lugar Santo tenemos fe como fruto del Espíritu (Gálatas 5:22). Como resultado del crecimiento espiritual, esa fe es generada en nosotros por el Espíritu Santo mediante el fortalecimiento de nuestro espíritu, en la medida que le demos lugar a la Tercera Persona de la Trinidad. Como representante de Cristo, el Espíritu Santo va formando en nosotros las características del Hijo de Dios. La fe, como fruto del Espíritu, se manifiesta en nosotros cuando nos volvemos más semejantes al Señor Jesús, cuando no sólo estamos en él, sino que El está en nosotros.

En el Lugar Santísimo, cuando experimentamos las virtudes de la fe, de la esperanza y del amor, poseemos aquella fe descrita en 1 Corintios 13:7 con estas palabras: ". . .todo lo cree." Esta clase de fe produce madurez espiritual, y está íntimamente asociada al amor, que a su vez se relaciona con el padre. Es el tipo de fe que no desmaya, sino que llega hasta el final, hasta las últimas consecuencias. La vemos en las páginas de la Biblia en Abraham al ofrecer a Isaac; en Elías al pedir que hubiera sequía y al enfrentarse a los profetas de Baal; en los tres compañeros de Daniel lanzados en el horno ardiente; en Jesús, en los apóstoles y en tantos otros héroes de la fe. Es la fe que se expresa en las palabras de Habacuc: "Aunque la higuera no florezca, ni en las vides haya fruto, aunque falte el producto del olivo, y los labrados no den mantenimiento, y las ovejas sean quitadas de la majada, y no haya vacas en los corrales; con todo, yo me alegraré en Jehová, y me gozaré en el Dios de mi salvación" (3:17, 18).

Es la fe del patriarca Job, quien a pesar de haber sido despojado de todo, exclama: "¡Quién diese ahora que mis palabras fuesen escritas! ¡Quién diese que se escribiesen en un libro; que con cincel de hierro y con plomo fuesen esculpidas en piedra para siempre! Yo sé que mi Redentor vive, y al fin se levantará sobre el polvo" (19:23-25). Es la fe que Pablo reveló al final de su victoriosa carrera: "Porque yo sé a quién he creído, y estoy seguro que es poderoso para guardar mi depósito para aquel día" (2 Timoteo 1:12). "Todo lo puedo en Cristo que me fortalece" (Filipenses 4:13).

El nivel más elevado de la fe se caracteriza por la plenitud de todas las cosas, cuando el cristiano está *lleno* del Espíritu Santo (Efesios 5:18), *lleno* de Cristo (Efesios 4:13), *lleno* de Dios (Efesios 3:19), y cuando *todo* lo sufre, *todo* lo espera, *todo* lo soporta.

Las oraciones de Juan Hyde mostraban una íntima comunión con Dios. En una de las convenciones en la India, país donde sirvió, aún estaba orando en su oficina cuando le avisaron que el almuerzo estaba ya servido en la mesa. Como los demás obreros no querían comer sin que Hyde estuviera presente, enviaron a una hermana a la oficina del misionero. Tocó ella a la puerta, diciendo: "Hermano Hyde, el almuerzo está servido." Y oyó cuando él preguntó: "Señor, ¿puedo ir ahora?" Y después de darle las gracias se levantó y fue a almorzar.

Otro hermoso ejemplo de oración íntima y de plena comunión con Dios nos ha sido dejado por el marqués De Renty. En cierta ocasión, al dirigirse a su oficina para orar, le pidió a uno de sus sirvientes que lo llamase media hora después. Llegada la hora, el criado no tuvo el valor de llamarlo, al verlo con el rostro brillante y bañado en lágrimas, y apenas moviendo suavemente los labios. El criado esperó media hora más. Pero al ver a su señor en la misma profunda comunión tampoco tuvo el valor de llamarlo. Sólo después de transcurridos otros treinta minutos, tras hora y media de oración, el criado llamó a De Renty, y éste preguntó sorprendido: "¿Pero ya pasó la media hora?"

Orar es dialogar con Dios, conversar con Dios, gastar tiempo en la presencia de Dios. Un evangelista famoso viajaba de un lugar a otro atendiendo compromisos, pues era muy solicitado. En uno de sus viajes por tren, la locomotora se descompuso en un lugar despoblado, donde no había ningún otro medio de transporte disponible. Cuando el conductor del tren informó a los pasajeros que tendrían que esperar algunas horas para recibir ayuda, el predicador, muy impaciente por el hecho de no poder llegar a tiempo para cumplir con su compromiso, se apartó del lugar, se sentó debajo de un árbol y comenzó a quejarse delante del Señor, diciendo: "¿Cómo me puede acontecer esto, si yo soy tu siervo y tu pueblo me aguarda?" Y mientras derramaba así su queja, fue envuelto por la fuerte presencia divina, y sintió claramente la dulce voz de Dios que le susurraba al corazón: "Mi siervo, fui yo mismo quien preparó este incidente. Hace mucho tiempo que quería hablar contigo, conversar contigo, pero tú has estado demasiado ocupado con tantos compromisos que no has tenido tiempo para mí."

Esta experiencia cambió por completo la vida de aquel dinámico obrero. Aprendió que, mucho más importante que estar corriendo delante de Dios, es ser dirigido por El, conducido por su Espíritu. El evangelista comprendió el motivo por el cual Dios busca adoradores que lo adoren en espíritu y en verdad.

Con esta ilustración no estamos justificando al pastor que pasa todo el tiempo sentado cómodamente en su oficina, indiferente a las necesidades particulares de sus ovejas y de su comunidad. El mismo Dios que descompone al tren con el fin de frenar a los apresurados, es quien también quiebra la silla para llevar a las calles a los que están cómodamente instalados. La reciente historia de la Iglesia en China parece indicar que Dios "quebró" allá muchas "sillas". Cuando el comunismo se apoderó de ese país en 1949 se dio muerte a algunos pastores, se envió a otros a prisiones distantes, y se obligó a las esposas de estos a trabajar en las fábricas y en los campos junto a otras mujeres. Resultado: el evangelio llegó rápidamente a donde nunca había sido antes anunciado, como Mongolia, por ejemplo. Al entreabrirse las puertas de China, los extranjeros han descubierto a millares de iglesias que se reúnen en los hogares por todo el país, y un sinfín de pueblos totalmente evangelizados. Ha habido milagros, sanidades divinas, bautismos en el Espíritu Santo y dones espirituales. El número de creyentes pasó de menos de 2.000.000 en 1949 a cerca de 50.000.000 en 1984. Fue como sacar la sal del armario para regarla toda en la sopa.

La Palabra, el Espíritu y la gloria

En el Lugar Santísimo el creyente es iluminado no sólo por la Palabra y por el Espíritu, sino también por la gloria de Dios. "Entonces una nube cubrió el tabernáculo de reunión, y la gloria de Jehová llenó el tabernáculo" (Exodo 40:34). "Y sobre ella los querubines de gloria que cubrían el propiciatorio; de las cuales cosas no se puede ahora hablar en detalle" (Hebreos 9:5). Cuando estamos en el Lugar Santísimo nuestro rostro refleja la gloria de Dios. "Por tanto, nosotros todos, mirando a cara descubierta como en un espejo la gloria del Señor, somos transformados de gloria en gloria en la misma imagen, como por el Espíritu del Señor" (2 Corintios 3:18).

La gloria de Dios nos transforma de gloria en gloria, como ocurrió con Moisés y con Jesús: "Y se transfiguró delante de ellos, y resplandeció su rostro como el sol, y sus vestidos se hicieron blancos como la luz" (Mateo 17:2). El diácono Esteban, cuando era acusado injustamente por el sanedrín, reflejó en su rostro la gloria de Dios. Sus enemigos "vieron su rostro como el rostro de un ángel. . .

Esteban respondió: Varones hermanos y padres, oíd: El Dios de la gloria apareció a nuestro padre Abraham, estando en Mesopotamia, antes que morase en Harán. . . Pero Esteban, lleno del Espíritu Santo, puestos los ojos en el cielo, vio la gloria de Dios, y a Jesús que estaba a la diestra de Dios, y dijo: He aquí, veo los cielos abiertos, y al Hijo del Hombre que está a la diestra de Dios" (Hechos 6:15; 7:2; 55, 56).

En el Lugar Santísimo somos fortalecidos por la gloria de Dios. "Fortalecidos con todo poder, conforme a la potencia de su gloria, para toda paciencia y longanimidad; con gozo dando gracias al Padre que nos hizo aptos para participar de la herencia de los santos en luz" (Colosenses 1:11, 12). Este texto nos dice también que somos hechos herederos, e idóneos para participar de la herencia. Aunque el evangelio nos pertenezca, no todos los creyentes se posesionan de él, pues para ello es preciso la idoneidad espiritual, es preciso el crecimiento. Solamente cuando llegamos a la mayoría de edad, tomamos posesión de la herencia que nos pertenece.

Mucho fruto

En el Lugar Santísimo el creyente produce mucho fruto. Da cien por uno. "Yo soy la vid, vosotros los pámpanos; el que permanece en mí, y yo en él, éste lleva mucho fruto; porque separados de mí nada podéis hacer" (Juan 15:5). Al dar cien por uno se alcanza la mayor fructificación, conforme a Marcos 4:8: "Pero otra parte cayó en buena tierra, y dio fruto, pues brotó y creció, y produjo a treinta, a sesenta, y a ciento por uno." Pero, para que dé mucho fruto es necesario morir. "De cierto, de cierto os digo, que si el grano de trigo no cae en la tierra y muere, queda solo; pero si muere, lleva mucho fruto" (Juan 12:24). He aquí el testimonio de Pablo: "Porque yo por la ley soy muerto para la ley, a fin de vivir para Dios. Con Cristo estoy juntamente crucificado, y ya no vivo yo, mas vive Cristo en mí; y lo que ahora vivo en la carne, lo vivo en la fe del Hijo de Dios, el cual me amó y se entregó a sí mismo por mí" (Gálatas 2:19, 20). Si Jesús dice que sin El nada podemos hacer, y dice eso justamente cuando habla de la mayor fructificación del creyente, quiere decir que nosotros sólo daremos mucho fruto cuando reconozcamos nuestra incapacidad sin la persona de Jesús. Nuestra completa y perfecta fructificación depende de nuestra completa y perfecta inutilidad. Nuestro propio valor personal tiene que convertirse en cero, no en un cero enfrente de Jesús, sino en uno detrás de El. Cuando le atribuimos a Jesús su valor, como el número uno, nuestra vida será bendecida y fructífera.

Cuando morimos para nosotros mismos y para el mundo, entonces el Espíritu de Dios nos guía. "El que cree en mí, como dice la Escritura, de su interior correrán ríos de agua viva" (Juan 7:38), y eso decía Jesús del Espíritu Santo que habrían de recibir los creyentes. El apóstol Pablo se refiere a la Tercera Persona de la Trinidad con estas palabras: "Porque todos los que son guiados por el Espíritu de Dios, éstos son hijos de Dios" (Romanos 8:14). Según estos textos bíblicos, cuando somos guiados por el Espíritu Santo, somos conducidos o llevados por la corriente de Dios. Ya no oponemos resistencia, sino que nos entregamos a la acción del Espíritu, que, como un poderoso y caudaloso río, nos hace adentrarnos en la soberana voluntad divina. ¡Cuántos están apenas mojando los pies en las márgenes de este río, cuando más bien deberían avanzar hacia las profundas y cristalinas aguas hasta flotar y ser arrastrados por ellas!

En mis primeros días en la fe, me dirigía una mañana de domingo al hogar de un joven que había prestado junto conmigo el servicio militar. El era muy buen creyente y me había ayudado mucho en mis primeros pasos en el evangelio. El domingo anterior, cuando me dirigía a la residencia de él en compañía de otro joven, pasamos junto a la casa de una pareja que se había desviado de la iglesia y que ahora se encontraba entregada a la práctica de la hechicería. Cuando me enteré de esto, quedé asombrado. Ahora, sin embargo, aunque estuviera solo, no sentía ningún temor de acercarme a aquel hogar arruinado por la hechicería. Sentía tanto poder que, sin que yo mismo me diera cuenta, me puse a caminar en dirección de la casa de los que se habían apartado de la fe. Y a medida que me aproximaba, iba sintiendo que ondas de poder cada vez mayor invadían mi vida, como si yo fuese a explotar. Al llegar a la humilde residencia, toqué y dije a la persona que me atendió el motivo de mi visita: quería orar por ellos. Me abrieron la puerta de la sala y, al entrar, la casa me pareció pequeña. ¡Tan lleno me sentía yo del poder de Dios! Casi no podía hablar. Las palabras me salían como con el ímpetu de las muchas aguas represadas. Pedí una Biblia, pues deseaba leer el Salmo 91. La señora, con mucha dificultad encontró una Biblia toda mutilada, a la que le faltaban varias páginas. Como no estaba en ella el Salmo 91, decidí leer el 46. Las palabras me salían de la boca como rayos, como descargas eléctricas. Al terminar la lectura, nos hincamos de rodillas y oré con tanto poder que lágrimas fuera de lo común, producidas por una conmoción espiritual muy fuerte, mojaron la silla sobre la cual estaba inclinado. Aquella familia quedó liberada de la presencia de los demonios. Fue una experiencia que dejó una profunda huella en mi vida.

Hoy, cuando leo sobre cómo ser guiado por el Espíritu Santo, me acuerdo de aquella experiencia. En realidad, por mí mismo jamás habría tomado la iniciativa de ir a aquella casa, y de orar allí, pero lo hice llevado por el Espíritu Santo, independientemente de mi propia voluntad. Fui llevado en el poder del Espíritu Santo de Dios y el Señor hizo una obra maravillosa.

Entretanto, en aquel mismo bendito día, después de hacer algunas visitas, de participar en servicios de evangelización al aire libre y de asistir al culto de la noche, unos colegas y yo, que aún servíamos en el ejército, fuimos a la estación ferroviaria y tomamos el tren que va de la estación central a Rosende, que estaba a una distancia aproximada de una hora de Barra Mansa. Algunos de mis colegas fueron descendiendo en el trayecto, de manera que me quedé solo en el vagón, teniendo frente a mí a un extraño. Este comenzó a decirme que se dirigía a Aparecida do Norte, para pagar una promesa, como buen religioso que era. Me dijo que había cometido hasta ahora muchos crímenes y asesinado a muchas personas. Mientras escuchaba a aquel hombre, algo me decía dentro de mí que tal persona estaba poseída de demonios. Yo estaba un tanto asustado, pues sólo estábamos él y yo en aquel enorme vagón casi a oscuras. En verdad, el semblante de aquel hombre revelaba una vida marcada por el odio y la violencia. Cuando hablaba de su religión y decía que era un hijo de Dios, algo me hizo aproximarme a su oído para decirle en voz alta, muy por encima del fuerte ruido que hacía el tren sobre los rieles: "Pero un hijo de Dios tiene que ser santo, porque El es santo."

Cuando pronuncié esas palabras, el hombre casi se desmayó. Se puso pálido y bajó la cabeza, tímido y trémulo. Comencé a pensar entonces en las palabras que yo había proferido. ¿Por qué las había dicho? ¡Pero éstas salieron de mis labios sin que yo mismo me hubiera dado cuenta! El hombre se levantó, cubierto de vergüenza, y humildemente se dirigió a otro vagón. Comprendí entonces que el mismo enemigo que había sido derrotado en la mañana, lo había sido también aquella noche.

Permítame contarle otro hermoso testimonio en cuanto a la maravillosa dirección del Espíritu Santo. Cuando todavía estaba en construcción la extensa carretera Belem-Brasilia, de 2.000 kilómetros de extensión, un hermano, que conducía su vehículo de carga, transitaba por la vía un poco preocupado por la hora, pues se acercaba la noche y algunas tribus hostiles habitaban aquella región. Mientras guiaba su vehículo, cantaba himnos. Era un creyente lleno de alegría. De repente, cuando la noche ya descendía con su negro manto sobre la espesura, hubo un problema en el motor y el camión se detuvo. El viajero no se afligió, por tratarse de un problema de rutina. Sin embargo, esta vez fallaron todos los intentos de arreglar la falla. Preocupado por los peligros del lugar y sin saber qué hacer, se encerró en la cabina, subió las ventanillas y comenzó a orar, pidiendo protección y orientación a Dios. Tenía temor de pasar la noche allí, ya que en aquella vía y a esas horas difícilmente recibiría auxilio.

Cristo, mediante su resurrección, nos introdujo en el Lugar Santísimo

Mientras meditaba y oraba, alguien apareció a la orilla de la vía y le hacía señales con una de las manos. Bajó el vidrio y comprendió que un indio lo llamaba. Sin comprender muy bien lo que estaba pasando, pero sintiendo el impulso del Espíritu, decidió acompañar al indígena. Este caminaba algunos metros al frente, mirando de cuando en cuando para atrás para asegurarse de que estaba siendo seguido. Repentinamente el camionero llegó a un claro del bosque y se vio rodeado de indígenas surgidos de todas partes como por encanto. ¿Qué hacer? Sin conocer la lengua ni las intenciones de ellos, comprendió que sólo le quedaba orar. Levantó las manos al cielo y comenzó a clamar fervorosamente. Sintió intensamente el poder del Espíritu Santo y percibió que sus palabras, pronunciadas en una lengua desconocida para él, estaban fuera de su control. La oración duró algunos minutos, y a pesar de que no hacía calor, estaba sudando hasta mojar su ropa. Al abrir los ojos, vio una escena enternecedora: ¡los indígenas estaban postrados y llorando convulsivamente!

De la misma manera que llegó a aquel lugar, fue llevado de vuelta a su camión. Consiguió reparar el vehículo y siguió su viaje, ahora aun más desbordante de gozo por el hecho de haber podido, de manera tan extraordinaria y admirable, hablar a aquellas pobres criaturas del gran amor de Dios. Este testimonio demuestra que, cuando nuestra vida está depositada en las manos de Dios, El la puede usar y guiar mediante la unción de su Espíritu. Para aquel hermano, el milagro de Pentecostés se había repetido para salvación de aquellas vidas tan necesitadas de alguien que les anunciara el glorioso evangelio de Cristo.

Vivificado, resucitado y ascendido

En el Lugar Santísimo el creyente permanece en la presencia de Dios, y posee vida en abundancia. "El ladrón no viene sino para hurtar y matar y destruir; yo he venido para que tengan vida, y para que la tengan en abundancia" (Juan 10:10). A sus discípulos Jesús les dijo que él es "el camino, y la verdad, y la vida" (Juan 14:6). A medida que el creyente avanza en dirección al Lugar Santísimo, tiene un conocimiento cada vez mayor de los atributos de Jesús. Lo conoce primeramente como el Camino (en el atrio). Después, al entrar en el santuario, descubre que Jesús es la Verdad, y, finalmente, en el Lugar Santísimo ve a Jesús como la Vida. Por eso el creyente tiene vida en abundancia. No es sólo vivificado y resucitado, sino también ascendido a las alturas. Dice el apóstol: "Aun estando nosotros muertos en pecados, nos dio vida [resucitó] juntamente con Cristo [por gracia sois salvos], y juntamente con él nos hizo sentar en los lugares celestiales con Cristo Jesús" (Efesios 2:5, 6). Isaías dice: "Pero los que esperan a Jehová tendrán nuevas fuerzas; levantarán alas como las águilas; correrán, y no se cansarán; caminarán, y no se fatigarán" (Isaías 40:31).

Las tres obras que Dios realizó en la vida de Jesús, después de su sepultura, las realiza también en nuestra propia vida como creyentes. Primeramente somos vivificados. Jesús lo fue en el sepulcro. Después somos resucitados. Jesús también lo fue. Aquí se trata de una resurrección moral y espiritual, de la manifestación de la nueva vida al mundo, y finalmente, cuando llegamos al Lugar Santísimo, somos sentados en los lugares celestiales mediante las alas de la humillación. Dijo Jesús: "Porque el que se enaltece será humillado, y el que se humilla será enaltecido" (Mateo 23:12). Santiago recomienda: "Humillaos delante del Señor, y él os exaltará" (Santiago 4:10). "Humillaos, pues, bajo la poderosa mano de Dios, para que él os exalte cuando fuere tiempo" (1 Pedro 5:6).

Uno de los más bellos himnos que se cantan en Brasil fue escrito por Frida Vingren, esposa del pionero de las Asambleas de Dios en Brasil, Gunner Vingren. Sus inspiradas estrofas hablan del valor de la sumisión y de la humildad en la vida cristiana:

Bienaventurado el que confía
en el Señor, como lo hizo Abraham;
él creyó, aunque no vio,
y así, su fe no fue en vano.
Es feliz quien sigue, fielmente,
los santos caminos del Señor;
en la tribulación es paciente,
esperando en su Salvador.

Los héroes de la Santa Biblia
no tuvieron de inmediato sus trofeos,
sino que llevaron siempre la pesada cruz
para obtener poder de los cielos.
Y después salieron por el mundo,
como mensajeros del Señor,
con valor y amor profundo,
proclamando a Cristo, el Salvador.

Quien quiera obtener de Dios la corona
pasará por más tribulaciones;
a las alturas santas nadie va
sin las alas de la humillación.
El Señor ha dado a sus amados
parte de su glorioso ser;
quien, en el corazón, fuere más herido
más de aquella gloria ha de tener.

Cuando aquí las flores ya fenezcan,
las de los cielos comienzan a brillar;
cuando las esperanzas se desvanezcan,
el afligido creyente va a orar.
Los más bellos himnos y poesías
fueron escritos en la tribulación,
y desde el cielo, las lindas melodías
se escucharon en medio de la oscuridad.

¡Sí, confía tú completamente
en la inmensa gracia del Señor!
Aparta de ti el desaliento
y confía en su santo amor.
"¡Aleluya!", sea la divisa
del héroe y total vencedor;
y desde el cielo más fuerte viene la brisa
que te lleva al seno del Señor.

Cuando estamos sentados en los lugares celestiales en Cristo Jesús, tenemos una visión mayor de la tierra, porque estamos alejados de ella, y comprendemos mejor las necesidades de este mundo por estar más cerca del cielo. Hay un interesante testimonio de Juan Wesley. Viajaba por un camino rural en compañía de un hermano, que estaba muy afligido y que hablaba de su muy difícil situación. Mientras caminaba cabizbajo y contaba su drama al evangelista, este se detuvo de repente, le mostró al amigo una vaca que tenía el pescuezo estirado sobre un muro, y le preguntó:

— ¿Por qué aquella vaca está mirando por encima del muro?

El hermano, sorprendido por la pregunta, respondió:

— Bien, porque ella no puede ver a través del muro.

Entonces Wesley, poniendo la mano sobre el hombro de aquel siervo desesperado le dijo:

— Es así lo que el hermano debe hacer. Mirar por encima. No trate de mirar a través de las dificultades, de las pruebas, sino por encima de ellas.

Cuando estamos sentados en los lugares celestiales tenemos una visión diferente de las dificultades de la vida, pues las vemos según el punto de vista de las potencialidades de Dios. Jesús estaba en camino para atender la súplica de un padre desesperado, cuando algunos llegaron y dieron al pobre hombre la triste noticia: "Tu hija ha muerto; ¿para qué molestas más al Maestro? Pero Jesús, luego que oyó lo que se decía, dijo al principal de la sinagoga: No temas, cree solamente" (Marcos 5:35, 36).

Necesitamos orar, no sólo para que Dios nos dé tareas según nuestra capacidad, sino para que El nos capacite para realizar tareas según su soberana voluntad y su gran poder que se perfecciona en las flaquezas. ¿Quién puede orar y actuar tan eficazmente? ¡Aquel que penetró al Lugar Santísimo del tabernáculo y se sentó en los lugares celestiales con Cristo Jesús tiene ese poder!

ASPECTOS DE NUESTRO TRIPLE DESARROLLO ESPIRITUAL A LA LUZ DEL TABERNACULO

EN EL ATRIO	EN EL LUGAR SANTO	EN EL LUGAR SANTISIMO
1. Celebra la fiesta de la Pascua (1 Corintios 5:7)	1. Celebra la fiesta de Pentecostés (Hechos 1:8)	1. Celebra la fiesta de los Tabernáculos (Juan 14:23)
2. Posee la luz de la Palabra (Salmo 119:105)	2. Posee la luz del Espíritu Santo (Mateo 5:16)	2. Posee la luz de la gloria (2 Corintios 3:18)
3. Es justificado (Romanos 5:1)	3. Es santificado (Hebreos 10:10, 14)	3. Es glorificado (Romanos 8:30)
4. Da fruto (Juan 15:2)	4. Da más fruto (Juan 15:2)	4. Da mucho fruto (Juan 15:15)
5. Su fructificación es a treinta por uno (Marcos 4:8)	5. Su fructificación es a sesenta por uno (Marcos 4:8)	5. Su fructificación es a ciento por uno (Marcos 4:8)
6. Es un siervo del Señor (Juan 15:15)	6. Es amigo del Señor (Juan 15:15)	6. Es hermano del Señor (Juan 20:17)
7. Es un niño (1 Corintios 3:1)	7. Es joven (1 Juan 2:13, 14)	7. Es adulto (1 Corintios 13:11)
8. Es un hijito (1 Juan 2:12)	8. Es hijo (1 Juan 2:13)	8. Es padre (1 Juan 2:13, 14)
9. Posee la virtud de la fe (1 Corintios 13:13)	9. Posee las virtudes de la fe y la esperanza (1 Corintios 13:13)	9. Posee la virtud de la fe, la esperanza y el amor (1 Corintios 13:13)
10. Es vivificado en Cristo (Efesios 2:5)	10. Es vivificado y resucitado en Cristo (Efesios 2:6)	10. Es vivificado, resucitado y ascendido en Cristo (Efesios 2:6)
11. Conoce la cruz de Cristo (Gálatas 6:14)	11. Lleva su propia cruz (Marcos 8:34)	11. Es crucificado con Cristo (Gálatas 2:20)

OTROS ASPECTOS DE NUESTRO TRIPLE DESARROLLO ESPIRITUAL A LA LUZ DEL TABERNACULO

EN EL ATRIO	EN EL LUGAR SANTO	EN EL LUGAR SANTISIMO
12. Se gloría en la esperanza de la gloria de Dios (Romanos 5:2)	12. Se gloría en las tribulaciones (Romanos 5:3)	12. Se gloría en Dios mismo (Romanos 5:11)
13. Vestido de salvación (Isaías 61:10; Lucas 15:22)	13. Anillo de autoridad (Lucas 15:22; Génesis 41:42)	13. El calzado del evangelio (Lucas 15:22; Efesios 6:15)
14. Su manera de vivir es sensata (Tito 2:12)	14. Su manera de vivir es justa (Tito 2:12)	14. Su vivir es piadoso (Tito 2:12)
15. Su consagración comienza por el espíritu (1 Tesalonicenses 5:23)	15. Su consagración continúa en el alma (1 Tesalonicenses 5:23)	15. Su consagración incluye el cuerpo (1 Tesalonicenses 5:23)
16. La voluntad de Dios es buena (Romanos 12:2)	16. La voluntad de Dios es agradable (Romanos 12:2)	16. La voluntad de Dios es perfecta (Romanos 12:2)
17. Su sacrificio espiritual es vivo (Romanos 12:1)	17. Su sacrificio espiritual es santo (Romanos 12:1)	17. Su sacrificio espiritual es agradable a Dios (Romanos 12:1)
18. Posee los dones del Espíritu Santo (1 Corintios 12:4)	18. Posee los ministerios dados por el Hijo (1 Corintios 12:5)	18. Posee las operaciones del Padre (1 Corintios 12:6)
19. Bautizado en la nube (Exodo 13:21, 22; 1 Corintios 10:1, 2)	19. Bautizado en el mar (Exodo 14:21; 1 Corintios 10:1, 2)	19. Bautizado en el Jordán (Josué 4:22, 23; Salmo 66:6)
20. Pide (Mateo 7:7, 8)	20. Busca (Mateo 7:7, 8)	20. Llama a la puerta (Mateo 7:7, 8)
21. Oración y súplica (Filipenses 4:6; Colosenses 4:2)	21. Acciones de gracias (Filipenses 4:6; Colosenses 4:2)	21. Adoración (Juan 4:23)
22. Sale de Egipto (Exodo 12:37)	22. En el desierto (Exodo 15:22)	22. En Canaán (Josué 14:1)

NUESTRO CRECIMIENTO ESPIRITUAL Y LA TRINIDAD

	EN EL ATRIO	EN EL LUGAR SANTO	EN EL LUGAR SANTISIMO
EL ESPIRITU SANTO	1. Posee la *presencia* del Espíritu Santo (Gálatas 3:3) 2. Posee el Espíritu Santo como Espíritu Santo (Efesios 3:16) 3. Posee los *dones* del Espíritu Santo (1 Corintios 12:4, 8-11)	1. Posee *el ardor* del Espíritu Santo (Gálatas 5:17) 2. Posee al Espíritu Santo como el representante de Cristo (Efesios 3:17) 3. Posee el *fruto* del Espíritu Santo (Gálatas 5:22)	1. Posee *el control* del Espíritu Santo (Gálatas 5:18) 2. Posee al Espíritu Santo como representante del Padre (Efesios 3:19) 3. Posee el *poder* del Espíritu Santo (Lucas 4:14; Hechos 4:23; 10:38)
EL HIJO	1. Conoce al Hijo como Jesús (Romanos 1:4; Filipenses 2:11) 2. Conoce al Hijo como el Camino (Juan 14:6) 3. Conoce al Hijo como el Buen Pastor (Juan 10:11)	1. Conoce al Hijo como Jesús el Cristo (Romanos 1:4; Filipenses 2:11) 2. Conoce al Hijo como la Verdad (Juan 14:6) 3. Conoce al Hijo como el Gran Pastor (Hebreos 13:20)	1. Conoce al Hijo como Jesús, Cristo y Señor (Romanos 1:4; Filipenses 2:11) 2. Conoce al Hijo como la Vida (Juan 14:6) 3. Conoce al Hijo como el Pastor Supremo (1 Pedro 5:4)
EL PADRE	1. Es hijo de Dios (Juan 1:12) 2. El Padre está *sobre* él (Efesios 4:6)	1. Anda en la luz de Dios (1 Juan 1:7) 2. El Padre está *por* él (Efesios 4:6)	1. Conoce a Dios (1 Juan 4:7) 2. El Padre está *en* él (Efesios 4:6)

DISFRUTE DE OTRAS PUBLICACIONES DE EDITORIAL VIDA

Desde 1946, Editorial Vida es fiel amiga del pueblo hispano a través de la mejor literatura evangélica.

Editorial Vida publica libros prácticos y de sólidas doctrinas que enriquecen el caudal de conocimiento de sus lectores. Nuestras Biblias de estudio poseen características que ayudan al lector a crecer en el conocimiento de las Sagradas Escrituras y a comprenderlas mejor. *Vida Nueva* es el más completo y actualizado plan de estudio de Escuela Dominical y el mejor recurso educativo en español. Además, nuestra nueva serie de grabaciones de alabanzas y adoración, *Música con Vida*, renueva su espíritu y llena su alma de gratitud a Dios.

En las siguientes páginas se describen otras excelentes publicaciones producidas especialmente para usted. Adquiera productos de Editorial Vida en su librería cristiana más cercana.

Vida
DEDICADOS A LA EXCELENCIA

RESTAURE SUS RELACIONES

El autor ha resuelto sus propios antecedentes de una familia con problemas, y en seis estudios bíblicos que aparecen aquí, le ayudará a aprender a confiar otra vez, para que pueda mejorar sus relaciones y ser eficiente al darle su testimonio a los demás.

0-8297-1953-9
Tamaño cuaderno

UN MENSAJE VIGENTE HOY

El libro de Jonás, a pesar de ser uno de los más cortos del Antiguo Testamento, y de estar clasificado dentro de los profetas menores, es una de las obras proféticas de más resonancia de las Escrituras. Tiene repercusiones en el Nuevo Testamento y un mensaje vigente en la actualidad. El erudito alemán C.H. Cornill, al referirse al libro de Jonás, dijo: "Reconozco públicamente, ya que no me avergüenza mi debilidad, que no puedo abrir este libro maravilloso, ni siguiera hablar de él, sin que se me humedezcan los ojos y sienta inquietud en mi corazón. Este libro de la Biblia, al parecer insignificante, es uno de los más profundos y más grandiosos que se hayan escrito..."

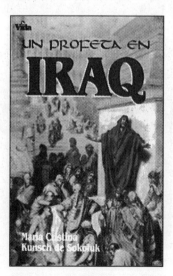

0-8297-1373-5
Tamaño popular

DEDICADOS A LA EXCELENCIA

ESPERANZA PARA LOS QUE NECESITAN FUERZAS

Dios obra en nuestra vida como obró en la vida de Moisés. Todavía hoy nos da una "segunda oportunidad". Su meta para nosotros no es necesariamente una vida sin problemas ni una existencia próspera, sino que desea transformarnos en discípulos de Jesucristo, fieles y obedientes.

Tal transformación lleva tiempo. A veces es algo doloroso, pero Dios sabe lo que cada uno necesita para alcanzar la meta.

0-8297-1843-5
Tamaño comercial

DEDICADOS A LA EXCELENCIA